A LA FRANCE — AUX FRANÇAIS

LES SIGNES

DE LA

Fin d'un Monde

FIN DE LA RELIGION
FIN DE L'AUTORITÉ — FIN DE LA FAMILLE

PAR

J. DU VALDOR

DEUXIÈME ÉDITION

SAINT-AMAND (CHER)

SOCIÉTÉ ANONYME DE L'IMPRIMERIE SAINT-JOSEPH

89, RUE DU PONT-DU-CHER, 89

—

1893

Les Signes de la fin d'un monde

A LA FRANCE — AUX FRANÇAIS

LES SIGNES

DE LA

FIN D'UN MONDE

FIN DE LA RELIGION
FIN DE L'AUTORITÉ — FIN DE LA FAMILLE

PAR

J. DU VALDOR

DEUXIÈME ÉDITION

SAINT-AMAND (CHER)

SOCIÉTÉ ANONYME DE L'IMPRIMERIE SAINT-JOSEPH
89, RUE DU PONT-DU-CHER, 89

1893

PRÉFACE DE LA PREMIÈRE ÉDITION

« On entend dire assez communément, dit Joseph de Maistre, que tous les siècles se ressemblent, et que tous les hommes ont toujours été les mêmes ; mais il faut bien se garder de croire à ces maximes générales que la paresse ou la légèreté inventent pour se dispenser de réfléchir. Tous les siècles, au contraire, et toutes les nations manifestent un caractère particulier et distinctif qu'il faut considérer soigneusement. Sans doute, il y a toujours eu des vices dans le monde, mais ces vices peuvent différer en quantité, en nature, en qualité dominante et en intensité. Il faut encore avoir égard au mélange des vertus dont la proportion varie infiniment. Lorsqu'on a montré les mêmes genres d'excès en temps et lieux différents, on se croit en droit de conclure magistralement que les hommes ont toujours été les mêmes. Il n'y a pas de sophisme plus grossier ni plus commun. » *(Essai sur le principe générateur des constitutions politiques,* LXI.)

Comme au temps de Joseph de Maistre, ce sophisme grossier reste encore commun auprès des gens qui ne réfléchissent pas. Cependant beaucoup de ceux qui réfléchissent, considérant le caractère particulier que revêt le mal à notre époque, croient pouvoir affirmer que nous sommes à la veille de terribles catastrophes. M. Ed. Drumont nous les fait, pour ainsi dire, toucher du doigt dans son livre, *La Fin d'un Monde*. M. I. de Penboch, tout en admettant la catastrophe, se plaît à espérer un beau lendemain, et il intitule sa réponse à M. Drumont, *Demain*. Une foule de livres ont été écrits sur ce sujet. Mais tous ceux que j'ai lus revêtent trop, à mon humble avis, le caractère de chronique ou de faits divers. Ils nous font un tableau parfois inutile des désordres contemporains; mais ils oublient de nous dire que ces désordres viennent de l'écroulement des principes qui constituent la base sans laquelle aucune société ne peut ni vivre ni durer. Ils mettent à nu la vermine qui ronge le cadavre, mais ils ne nous indiquent pas les causes qui l'ont fait mourir. En outre, tous ou à peu près, laissent dans l'ombre certains signes qui sont cependant la marque la plus évidente et la plus immédiate d'un irrémédiable désastre. En d'autres termes, tous ces écrivains se sont contentés de faire une analyse incomplète d'ordinaire. Je demande, à mon tour, la permission de faire un peu de synthèse, et, sans entrer dans les détails, d'indiquer les signes généraux qui semblent marquer pour une prochaine dissolution, l'agglomération humaine au milieu de laquelle nous vivons.

On dit que la Pythie du temple de Delphes ne pouvait rendre ses oracles qu'en se plaçant sur le trépied sacré. De même, à toute agglomération humaine, à tout corps social, il faut, pour vivre et pour durer, trois choses, la *religion*, l'*autorité* et la *famille* ; la religion pour lui donner l'ordre moral, l'autorité pour y maintenir l'ordre matériel, et la famille pour remplacer avec usure les individualités qui disparaissent. C'est là le trépied sacré, nécessaire et suffisant, sur lequel toute société doit être assise pour pouvoir vivre et durer. A cette triple base qu'on enlève un point d'appui, aussitôt le corps social chancelle, il roule de chute en chute ; ce n'est bientôt plus qu'un cadavre dans un état de décomposition plus ou moins avancée.

Il nous suffira donc d'examiner où nous en sommes, par rapport à la religion, à l'autorité, à la famille, pour savoir si nous constituons véritablement un monde qui finit : et c'est ce qui va faire l'objet successif de nos investigations.

PRÉFACE DE LA NOUVELLE ÉDITION

Justitia elevat gentes miseros autem po-
pulos facit peccatum (PROV., XIV, 34). « La
justice élève les nations, mais le péché rend
les peuples misérables. » Voilà ce que disait
le plus sage des rois, il y a trois mille ans,
et il y a seulement quelques années, M. le
Play formulait la même pensée avec encore
plus d'énergie lorsqu'il écrivait : « Les peuples qui *pratiquent* le Décalogue *prospèrent;*
ceux qui le *violent, déclinent;* ceux qui le
renient, disparaissent. »

Le passé est garant de l'avenir, et le peuple français ne fera pas exception à la règle
commune. Tant qu'il a pratiqué le Décalogue, il a prospéré; quand il l'a violé, il a
décliné; maintenant qu'il le renie, il va disparaître.

Aussi, ai-je trouvé les *Signes de la Fin d'un
Monde* dans ce fait qu'aujourd'hui, en France,
le Décalogue est *universellement renié.* Plus
de *devoirs religieux*, puisque la Religion est

affaire d'opinion, même pour beaucoup de ceux qui la pratiquent ; plus de *devoirs sociaux,* puisqu'on n'admet plus le principe de l'autorité, c'est-à-dire de *l'obligation morale ;* plus de *devoirs familiaux,* puisqu'on n'y admet plus ce qu'il y a de plus essentiel et de plus intime, la *fécondité.*

Je m'attendais à ce que le livre fût très diversement apprécié, à ce que ses conclusions fussent approuvées par les uns, vivement contestées par le plus grand nombre. Je ne me suis pas trompé. Et, pour prouver toute la diversité des appréciations, je vais citer quelques extraits des lettres que j'ai reçues. On me permettra tout naturellement de commencer par les éloges.

Voici d'abord une lettre qui me vient de Belgique, elle loue l'ouvrage sans restriction, je vais la citer presque tout entière.

« Monsieur du Valdor,

« Merci mille fois pour le bien que vous m'avez fait par votre livre : *Les Signes de la Fin d'un Monde.* Il y a longtemps que ces pages vengeresses auraient dû voir le jour ! Puissent-elles bientôt se trouver dans les mains de tous les Confesseurs. Qu'on en finisse une bonne fois avec le règne de la pruderie, et que ceux qui doivent porter les clefs de la science : labia sacerdotis custodient scientiam, ne passent plus pour être des *innocents,* ignorants, ou faisant les ignorants, à propos de choses malheureusement trop vulgaires et trop vulgarisées aujourd'hui.

Vous avez frappé juste, en accablant de votre fouet de Juvénal toutes ces *pratiques* de fausse dévotion au moyen desquelles on veut sauver la société. Tous ces spécifiques n'ont aucune valeur... On entend parfois des gens mesurer le résultat de leurs efforts au nombre d'associés qu'ils ont gagnés à une confrérie, à un cercle..., au nombre de communions qu'ils ont provoquées. L'idée m'est venue de demander dorénavant : « De combien s'est augmenté chez vous le nombre des baptêmes? » Tout est là, et aussi longtemps qu'on n'aura raison du métier prôné par Malthus, inutile de causer Religion. Mais comment y arriver, quand l'*altum silentium* est le mot d'ordre?

« Encore une fois, cher Monsieur, merci et bon courage dans votre croisade! Dieu le veut!

« Votre très humble en N.-S.

« Sainte-Cécile (Belgique), le 23 février 1893. »

Voici maintenant ce qu'on m'écrit de Lyon :

« Lyon, le 13 décembre 1892.

« Monsieur,

« Laissez-moi vous remercier d'avoir un des premiers (mais non le dernier, j'espère) élevé la voix et protesté contre le silence intéressé qui cache une plaie horrible de notre pauvre France.

« J'ai vu avec plaisir que vous insistiez particulièrement sur les deux décrets de la Pénitencerie. On a organisé à leur égard la conspiration du silence ; parfois même, et j'en connais des exemples, on a osé rompre ouvertement avec l'autorité de la Sacrée Congrégation.

« Votre ouvrage est écrit avec verve et bonne foi, il effarouchera peut-être quelques-uns de ces demi-chrétiens qui auraient préféré qu'on les laissât tranquilles à l'égard de leurs procédés coupables ; soyez sûr que les gens de cœur et les prêtres qui ont à cœur le relèvement moral de notre pays en salueront l'apparition très opportune.

« Veuillez m'envoyer un exemplaire que je veux faire lire dans une société qui en a bien besoin.

« Agréez, Monsieur, mes remerciements et mes sincères salutations. »

Enfin, voici une lettre de Paris; elle est adressée à l'éditeur :

« Paris, 28 janvier 1893.

« Monsieur le Curé,

« ..... Je saisis cette occasion de vous féliciter du courage avec lequel vous avez publié *Les Signes de la Fin d'un Monde*. Mais pourquoi l'auteur veut-il à toute force que nous devenions Chinois? Ce n'est guère un moyen d'encourager les parents à remplir le devoir conjugal quasi universellement trahi : je regrette cette étrange opinion (car ce n'est qu'une opinion), elle peut discréditer tout ce qu'il y a de science théologique et de courage sacerdotal dans ce remarquable travail.

« Croyez, Monsieur le Curé, à mes sentiments bien dévoués en N.-S. »

L'auteur de cette lettre, qui est un des membres les plus distingués du clergé de Paris, ne peut admettre que nous devenions Chinois. Qu'il me permette tout simplement un petit mot d'explication. Cette opinion paraît étrange, comme il parut étrange au v⁰ siècle que Rome fût prise et pillée par les Goths d'Alaric, comme il parut étrange que la fille de Théodose le Grand devint d'abord

l'*esclave* et puis l'*épouse* d'un roi barbare.
Les parents vraiment chrétiens doivent *mieux
aimer* engendrer des vierges pour les Chinois que de sales instruments d'un sale plaisir pour de sales Malthusiens. Au reste, à
part cette petite chicane, comme les deux
précédents, il loue l'ouvrage, forme et fond.
Voilà donc des éloges qui m'arrivent de trois
points cardinaux, Belgique, Lyon, Paris.
Malheureusement, du quatrième point, c'est
tout le contraire qui m'arrive ; c'est une formidable rafale qui me tombe dessus.

Voici, en effet, la lettre tout entière d'un
homme qui signe archiprêtre, docteur en
théologie. Elle vient du département de la
Gironde, le pays où le Malthusianisme est
peut-être le plus grandement honoré et le
plus universellement pratiqué.

« Gironde, 28 décembre 92.

« Monsieur,

« Sur la foi d'une annonce insérée dans le
journal que vous m'avez envoyé, je vous ai
demandé *La Fin d'un Monde*. Jamais de ma
vie je n'ai lu un livre plus abominable. Celui qui l'a fait, si c'est un prêtre, mériterait
d'être interdit pour toute sa vie, et il ne l'aurait pas volé. Ce livre m'a coûté trois francs ;
mais je n'ai pas hésité à le jeter au feu. Il

me faudra quelque temps pour que la mauvaise impression que m'a faite cette élucubration infernale s'efface entièrement de mon esprit. J'ai perdu 3 francs, mais je ne voudrais pas pour le triple de cette somme, avoir sali mon esprit par l'ordurière lecture de ce vilain livre, que j'ai plutôt parcouru que lu. Le naturalisme de Zola est dépassé. Est-il possible que des prêtres composent ou impriment de pareilles infamies ! De tous les signes évidents de la fin d'un monde, celui-là est le plus douloureux et le plus triste.

« J'ai l'honneur de vous saluer.

« ***, *Archiprêtre,*

« Docteur en Théologie. »

On ne répond pas à de telles élucubrations ; il suffit de les citer. Faisons cependant deux ou trois remarques :

1. Il estime la *propreté* de son esprit *neuf francs :* « J'ai perdu 3 francs, dit-il, mais je ne voudrais pas pour *le triple* de cette somme *avoir sali mon esprit* par l'ordurière lecture de ce vilain livre. » Vraiment, ce n'est pas cher.

2. Il dit ensuite : « Le naturalisme de Zola est dépassé. » Il est donc le *lecteur assidu* de Zola ; car je ne lui ferai pas l'injure de supposer qu'il me compare à Zola sans le connaître.

Eh bien! moi, simple mortel, je n'en suis pas là et, j'en donne ici ma parole d'honneur, je n'ai lu de M. Zola que les extraits cités dans le *Testament d'un antisémite*, de M. Drumont.

3. Enfin, l'archiprêtre girondin ajoute : « Est-il possible que des prêtres composent ou impriment de pareilles infamies. De tous les signes évidents de la fin d'un monde, celui-là est le plus douloureux et le plus triste. »

Est-il possible, dirai-je à mon tour, qu'un prêtre, docteur en théologie, lecteur assidu de M. Zola, voue aux dieux infernaux un *brave homme* qui *tout simplement* dénonce et démontre l'énormité du crime malthusien. Que penser d'un tel homme. d'un tel prêtre; d'un tel confesseur? Ses pénitents et pénitentes malthusiens (et il n'en a certainement pas d'autres, s'il en a) peuvent à leur aise *supprimer la vie*, M. l'archiprêtre les laissera bien tranquilles. De tous les signes de la fin d'un monde, celui-là est le *plus certain*, le plus douloureux et le plus triste!

Hélas! cela prouve « qu'il y a longtemps que ces pages vengeresses auraient dû voir le jour, afin que ceux qui doivent porter les clefs de la science, labia sacerdotis custodient scientiam, ne passent plus pour être des *innocents*, ignorants, ou faisant les ignorants à propos de choses malheureusement trop vulgaires et trop vulgarisées aujourd'hui. » (Lettre de Belgique.)

Les autres lettres, tout en approuvant l'ensemble du livre, blâment certaines expressions un peu trop *crues*, certaines *attaques* à leur avis imméritées, certaines solutions un peu *forcées*, d'après eux. Dans la nouvelle édition, je tiens compte de leurs observations.

L'ouvrage a été soumis à deux théologiens de Rome, l'un membre du S. Office, l'autre consulteur à la Sacrée Congrégation de l'Index. Je ne suis pas autorisé à citer leurs réponses. Qu'il me suffise de dire qu'ils ont eux aussi approuvé l'ensemble de la doctrine, se contentant d'indiquer certaines corrections de détails qu'on trouvera dans cette seconde édition.

Ces explications une fois données, je crois être utile au lecteur en lui donnant ici, ce que je puis appeler *ma profession de foi morale.*

Nos casuistes contemporains ont l'habitude de dire que les conclusions *morales* ne doivent pas être poussées avec une rigueur *métaphysique,* parce qu'il faut tenir compte de la contingence des faits, et qu'en urgeant les principes jusqu'au bout, on arriverait presque toujours à des énormités ou à des impossibilités. Et c'est par ce moyen commode qu'ils se débarrassent des conséquences qui les gênent. Plusieurs même, et j'en ai entendu, vont jusqu'à dire que dans la pratique, il faut faire complètement *litière* des principes et se laisser diriger par le *simple bon sens*.

Peut-être, si j'étais *casuiste*, ferais-je comme eux. Toutefois, je crois pouvoir dire, sans blesser ni la vérité, ni l'humilité, que je me suis quelque peu occupé de philosophie et, par suite, de *morale naturelle*. J'ai toujours poussé les principes moraux jusqu'à leurs dernières conséquences, aussi rigoureusement que les principes métaphysiques, et je ne suis jamais arrivé, au moins à mon avis, à des énormités ou à des impossibilités.

Evidemment il en serait ainsi si, prenant un principe particulier, je l'appliquais impitoyablement à tous les actes humains qui en relèvent, *sans tenir nullement compte* d'autres principes servant, eux aussi, à déterminer la moralité spécifique de l'acte humain.

Par exemple, il y a un principe de morale : *Tu ne tueras point*. Non occides. S'ensuit-il que je ne puisse tuer un homme qui m'attaque injustement? Oui, si je ne fais attention qu'au principe précédent. — Non, si j'invoque cet autre principe de morale *permettant de résister à celui qui vous attaque injustement, jusqu'à lui donner la mort*. — S'ensuit-il maintenant que je puisse tuer tout homme qui m'attaque injustement? — Nullement, car il y a un troisième principe de morale qui m'*ordonne de n'employer que la résistance nécessaire pour me sauver*.

Et ainsi, combinant ces trois principes moraux qui concourent à déterminer la moralité de cet acte humain, j'arrive à cette conclusion aussi rigoureuse en soi, que les plus rigoureuses conséquences métaphysiques : c'est *qu'il est permis de repousser la force par la force, même jusqu'à la mort de l'injuste agresseur, lorsqu'on ne peut sauver sa vie différemment.* Licet vim vi repellere usque etiam ad injusti agressoris necem, servato tamen moderamine inculpatæ tutelæ. Et ainsi, je n'aboutis nullement à des énormités ou à des impossibilités. Cela serait arrivé si, prenant chaque principe séparément, j'avais conclu d'une manière absolue, d'abord qu'il n'est *jamais* permis de tuer, et ensuite qu'on peut tuer *toutes les fois* qu'on est attaqué injustement.

Et ce que je viens de faire, comme exemple, pour un cas particulier, je l'ai fait pour tous les autres, et, sans que j'aie jamais eu besoin de faire des entorses aux principes, je suis toujours arrivé à des conclusions très logiques, très légitimes, très morales, et même *très conformes au bon sens.* Toutes les fois que j'ai abouti à des conclusions qui paraissaient, *au premier abord*, forcées ou exagérées, j'ai fait de nouvelles recherches, j'ai analysé soigneusement l'acte moral dans son individualité contingente pour savoir s'il n'y avait pas lieu de lui appliquer un autre principe de morale qui en modifierait l'espèce ;

et j'ai toujours trouvé que, si je m'étais trompé, ce n'était pas pour avoir poussé trop rigoureusement les principes jusqu'à leurs dernières conséquences, c'était pour avoir négligé d'appliquer à l'acte en question un second principe de morale qui en modifiait la nature spécifique. Quand je n'ai pu rien trouver qui modifiât des conclusions qui paraissaient au premier abord forcées ou exagérées, j'ai toujours admis, et je m'en suis toujours bien trouvé, que ces conclusions n'étaient contraires à la morale du bon sens qu'*en apparence*, à cause des *préjugés universellement reçus*. Mais, pour rejeter ces conclusions, je ne me suis jamais contenté de cet aphorisme commode : *Ce qui prouve trop ne prouve rien;* Qui nimis probat nihil probat. C'est dire que je ne m'en contenterai pas davantage aujourd'hui pour modifier certaines conclusions pouvant paraître à plusieurs énormes ou exagérées.

Cependant, je n'ai nullement la prétention d'*imposer* au lecteur ma manière de voir. Je ne suis ni prophète, ni fils de prophète, encore moins docteur en Israël. Je ne prétends pas au privilège de l'infaillibilité ; je sais que le Pape seul la possède, et encore dans certaines conditions bien déterminées. Je ne parle donc pas comme *ayant autorité*, tanquam potestatem habens, mais comme un *simple écrivain,* sicut scriba, qui a cru bon de jeter ses idées aux discussions de la foule

pour la faire réfléchir surtout sur l'énormité
et les suites du crime malthusien, et pour
en détourner les personnes de *bonne foi* et
de *bonne volonté.*

Je livre l'ouvrage au simple examen du
lecteur. Chacun pourra à sa guise apprécier,
juger et les principes et les conclusions. Je
désire qu'il admette, non pas tout ce qu'il
lira dans mon livre, mais tout ce qu'il y
trouvera de logique et de vrai, et rien *uniquement* parce que je l'affirme.

Néanmoins, le lecteur me permettra de lui
donner un conseil. La première fois qu'il me
lira, il trouvera probablement des choses
bien *fortes, inadmissibles, répugnantes*
même. Mais qu'il me lise une seconde fois,
et il n'y trouvera plus que des choses *discu-
tables.* Enfin, qu'il ait le courage de recommencer à me lire une troisième fois, et alors
toutes les conclusions, ou à peu près, seront
parfaitement *justes, honnêtes* et *légitimes.*

Après cette troisième lecture, s'il reste encore dans l'esprit de mes lecteurs ou de mes
lectrices quelques ombres et quelques doutes
pour le règlement de leur vie matrimoniale,
ils pourront consulter leurs confesseurs qui,
eux, parlent comme ayant autorité, tanquam
potestatem habentes; ils pourront *sûrement*
s'en tenir à leur décision, à moins toutefois
que la conscience ne *crie trop fort;* car
alors, il faudrait en consulter un autre, le

confesseur n'ayant pas, comme le Pape, le *privilège* de l'infaillibilité.

Quant au clergé, je n'ai certes pas qualité pour lui imposer des opinions qui me seraient personnelles. Je soumets l'ouvrage tout à fait à son appréciation. Qu'il lise le livre une, deux, et même trois fois ; et puis, qu'il n'admette que ce qui lui paraîtra juste et raisonnable.

Cependant, pour l'acquit de ma conscience, je crois devoir l'avertir que les conclusions morales, au moins les plus importantes, ont été examinées par des prêtres compétents, même à d'anciens directeurs de grand séminaire, et que *toutes,* sans exception, ont été jugées, sinon absolument certaines, au moins *très soutenables*.

Au reste, j'ai prié un de ces prêtres de faire un petit travail en latin à l'usage des confesseurs, circa sextum et præsertim circa Onanismum. Dans ce travail, après avoir bien posé les principes, on examinera les différents cas ; on déterminera ce qui est *sûr, plus probable, moins probable,* ce que le confesseur *doit* ou *peut* faire ; et cela, en s'appuyant toujours sur des documents authentiques et les meilleurs auteurs. L'ouvrage ne sera pas fort long ; il est déjà en préparation et sera publié dans quelques mois.

L'annonce de ce travail me fait souvenir qu'on m'a plusieurs fois demandé pourquoi je ne m'étais pas, pour certaines questions, contenté ou servi du latin. Ma réponse est bien simple : Mon livre s'adresse aux laïques des deux sexes autant, sinon plus, qu'au clergé. Le crime malthusien est trop commun, tout le monde en parle trop, pour qu'il y ait aujourd'hui danger de scandale. Il y a cinq ou six ans, un éminent théologien de Rome écrivait ceci : « Malheur à cette génération perverse qui, foulant aux pieds toutes les lois de la nature, ne veut plus en tout et pour tout que les seuls plaisirs de la chair, sans en admettre les tribulations. Pense-t-elle échapper au jugement de Dieu. Le flot de ses crimes monte comme autrefois ceux de Sodome et de Gomorrhe ; ses forfaits s'aggravent outre mesure. Voici le Seigneur qui vient : A moi le châtiment, dit-il, c'est moi qui me charge de punir ; et tout le monde verra que le châtiment de la chair criminelle, c'est le *feu* et c'est la *pourriture*. Qu'ils se lèvent donc les prêtres et les ministres de Dieu et ne se taisent plus : « car c'est le propre d'un tel vice d'aspirer à se faire légitimer par le silence » (P. CAUSSETTE). Il y a temps pour tout, et, s'il fût un temps pour se taire, c'est *maintenant le temps de parler.* »

Væ jam generationi uti pravæ quæ conculcatis Dei naturæque legibus, unum utique in omnibus et per omnia quærunt, carnaliter nempe frui atque delectari ! Existimas

ne vero quod qui talia agunt judicium Dei
effugient? Clamor eorum sicut Sodomorum
et Gomorrhæ multiplicatus est et peccatum
eorum aggravatum ut nimis. « Mihi autem,
ait Dominus, vindicta, ego retribuam », et
videbunt omnes « quoniam vindicta carnis
ignis et *vermis.* »

Surgant itaque sacerdotes et ministri Dei
et non amplius taceant. « Aussi bien, ait
aliquis auctor, c'est le propre d'un tel vice
d'aspirer à se faire légitimer par le silence. »
Cum omnia itaque tempus habent, *tempus
loquendi jam advenit.* (Disputationes phy-
siologico-theologicæ, disputatio IV, cap. 5,
par le R. P. Eschbach, supérieur du Séminaire français, à Rome.)

Oui, dirai-je à mon tour, le temps de parler est déjà venu, non seulement pour les
prêtres qui, malheureusement, tous ne parlent pas assez, mais encore pour tout *honnête* homme qui sent un peu de sang dans
ses veines.

Voilà pourquoi j'ai écrit mon livre et je
l'ai écrit *en français.*

Puisse-t-il convertir les coupables, déterminer les timides, encourager les braves !
Puisse-t-il, par là, donner des anges au ciel,
mais surtout des apôtres et des vierges à la
terre. Aux barbares, quand ils seront venus,
il faudra des vierges pour fonder un peuple
nouveau, des apôtres pour les convertir.
Sans cela, ce ne serait plus *la Fin d'un*

monde, mais *la Fin du monde*. Puisse-t-il se former une phalange d'hommes et de femmes héroïques se dévouant, se sacrifiant, afin de préparer aux barbares des apôtres pour les convertir, des femmes pour fonder un peuple de saints, qui viendront dans le ciel ajouter constamment de nouveaux fleurons à leur éternelle couronne, jusqu'à ce qu'enfin le nombre des élus soit complet.

Du nombre de ces élus, puissions-nous en être un jour, c'est tout ce que je désire.

Fête du Sacré-Cœur de Jésus, 9 juin 1893.

J. DU VALDOR.

Les Signes de la fin d'un Monde

PREMIÈRE PARTIE

Fin de la religion, fin de la morale, fin d'un monde

AVANT-PROPOS

Sommaire. — Dieu et la religion qui relie l'homme à Dieu. Fondement de tous droits et de tous devoirs, et, par suite, de toute morale. Nécessité d'une religion sociale. Citation de Mgr Freppel, d'une encyclique de Léon XIII. Il vaut mieux une religion fausse qu'aucune. L'absence de toute religion a toujours précipité les peuples vers leur ruine.

La société ne consiste pas dans une simple juxtaposition d'êtres raisonnables ; mais les hommes qui la composent sont spécialement liés entre eux par certains droits et certains devoirs, droits et devoirs que ne possèdent pas les étrangers. Or, sans Dieu et sans la religion qui rattache, qui *relie* l'homme à

Dieu, le droit et le devoir ne sont plus que de vains mots. Les théories de la morale indépendante ne sont que des paroles vides de sens. Morale, en effet, est synonyme d'obligation, et l'obligation suppose nécessairement la dépendance. Dire *morale indépendante*, c'est comme si l'on disait *cercle carré*.

Au reste, je ne m'attarderai pas à réfuter les grands mots par lesquels les partisans de la morale sans Dieu cachent l'inanité de leurs raisonnements ; et je laisserai aux inspecteurs et autres fonctionnaires, le soin de constater les heureux résultats de cette morale athée donnée dans leurs écoles laïques à une jeunesse modèle. Je me contenterai de faire une simple remarque. On a souvent vu et l'on voit tous les jours des peuples ayant une religion fausse, immorale même en certains points ; mais une agglomération humaine sans religion, c'est une monstruosité que l'antiquité n'a jamais connue, au témoignage de Plutarque. Et, comme les monstres constituent des anomalies qui ne durent pas, il s'ensuit qu'un peuple qui perd sa religion ou qui n'en a plus, est un peuple qui finit ou un peuple fini.

Et ici, je ferai remarquer qu'il ne suffit pas que les hommes, pris individuellement, soient religieux ; il faut encore que la religion ait un caractère public, officiel, il faut que le corps social lui-même soit rattaché, relié à Dieu, sinon, semblable à une planète qui a quitté son orbite, il va, dans une course désordonnée et vertigineuse, au-devant de toutes les catastrophes.

« La religion, nous dit Mgr Freppel dans son livre la *Révolution française*, p. 84, comme son nom l'indique, n'est pas seulement le lien qui unit les hommes à Dieu ; elle est encore le lien le plus étroit et le plus fort qui puisse unir les hommes entre eux, parce qu'elle les rapproche les uns des autres et les rallie autour d'une même foi, d'une espérance commune, des exemples et des leçons d'une charité qui a sa source et son modèle au-dessus de l'humaine faiblesse. Brisez ce lien, il ne reste plus en présence que des intérêts contraires, des convoitises et des passions avides de se satisfaire à tout prix, et qui, n'ayant plus d'horizon au-delà de ce monde, détruisent impitoyablement tous les obstacles qu'elles trouvent sur leur chemin. Sans l'idée de sacrifice qui fait le fond de la religion, la patrie elle-même, qui devrait être un lien d'association, devient pour chaque parti l'exploitation de tous au profit de quelques-uns. Aussi, ne faut-il pas s'étonner que tout sentiment religieux une fois écarté, le peuple le plus doux et le plus policé du monde, puisse devenir à un moment donné le plus cruel de tous. *Homo homini lupus.*

« La moralité dans l'homme, dit Léon XIII, dans son Encyclique du 16 février 1892, aux évêques, au clergé et aux fidèles de France,

par le fait même qu'elle doit mettre de concert tant de droits et tant de devoirs dissem-
blables, puisqu'elle entre comme élément
dans tout acte humain, suppose nécessairement Dieu, et, avec Dieu, la religion, ce lien
sacré dont le privilège est d'unir, antérieu-
rement à tout autre lien, l'homme à Dieu.
En effet, l'idée de moralité importe avant
tout un ordre de dépendance à l'égard du
vrai, qui est la lumière de l'esprit ; à l'égard
du bien, qui est la fin de la volonté : sans le
vrai, sans le bien, pas de morale digne de ce
nom. Et quelle est donc la vérité principale
et essentielle, celle dont toute vérité dérive ?
c'est Dieu. Quelle est donc encore la bonté
suprême, dont tout autre bien procède ? c'est
Dieu. Quel est enfin le créateur et le conservateur de notre raison, de notre volonté, de
tout notre être, comme il est la fin de notre
vie ? Toujours Dieu. Puis donc que la religion est l'expression intérieure et extérieure
de cette dépendance que nous devons à Dieu
à titre de justice, il s'en dégage une grave
conséquence qui s'impose : tous les citoyens
sont tenus de s'allier pour maintenir dans la
nation le sentiment religieux vrai, et pour
le défendre au besoin, si jamais une école
athée, en dépit des protestations de la nature
et de l'histoire, s'efforçait de chasser Dieu de
la société, sûre par là d'anéantir bientôt le
sens moral au fond même de la conscience
humaine. Sur ce point, *entre hommes qui*

n'ont pas perdu la notion de l'honnête, aucune
dissidence ne saurait subsister. »

Il vaut mieux pour un peuple avoir une
religion fausse que de n'en avoir aucune,
parce que toute religion pour aussi absurde
qu'elle soit, reconnaît au moins le principe
qu'il faut que l'homme se rattache à Dieu.
Elle peut se tromper sur la nature de la Divinité, sur les obligations qu'elle impose, sur
le culte qu'il faut lui rendre, etc... En tout
cela, il y a une erreur d'application, mais
nullement la négation du principe qui affirme
la dépendance de l'homme vis-à-vis de la
Divinité. Aussi, quand la vieille Rome eut
remplacé la croyance à ses fausses divinités
par un scepticisme orgueilleux, ce fut le
signal de la décadence, ce fut le commencement de la fin. Un pareil phénomène se passe
aujourd'hui parmi nous, et avec cette circonstance aggravante, c'est que les Romains reje-
taient une religion qui, après tout, était
fausse, tandis que le Français, lui, rejette une
religion vraie. Juvénal disait que de son
temps les enfants eux-mêmes ne croyaient
plus au noir Achéron et au sombre Tartare.
Aujourd'hui, nos enfants aussi ne croient
plus à l'Enfer, comme nous allons le voir en
examinant où nous en sommes par rapport à
la religion.

LIVRE PREMIER

FIN DE LA RELIGION

SOMMAIRE. — Trois parties dans toute religion, dogme, morale et culte: dogme, partie principale et fondamentale.

Disparition complète du dogme. D'abord comme nation, la France ne croit plus: traité de Westphalie : quatre articles; déclaration des droits de l'homme, laïcisme; liberté de conscience en France et ailleurs.

Disparition générale du dogme dans les masses. Apostasie universelle. Un trompe-l'œil ; un mot du *Figaro*. Foi rationaliste. Capitulations cléricales.

Foi intégrale et état de grâce, les deux éléments subjectifs de toute religion; tout le reste, vains simulacres. Pratiques cultuelles. Les personnes pieuses. Le clergé. Incrédulité inconsciente du grand nombre.

Toute religion, même fausse, se compose de trois parties bien distinctes, *le dogme,* la *morale* et le *culte;* elle propose des vérités à croire, c'est le dogme ; elle impose des devoirs à remplir, c'est la morale ; et enfin elle ordonne des cérémonies, des pratiques extérieures destinées à honorer la divinité et à mériter ses faveurs, c'est le culte. Le dogme en est le principe, la morale l'action et le culte le vêtement.

Aussi, pour savoir si une religion chez un peuple est près de sa fin, il faut surtout examiner comment ses dogmes sont reçus. Le culte sera toujours plus ou moins bien pratiqué, la morale plus ou moins bien observée; tant que le dogme restera debout, le témoignage de la conscience reprochera sa conduite au coupable, et le ministre de la religion y trouvera un auxiliaire précieux pour le rappeler au devoir. Mais le jour où le dogme s'obscurcira, le remords ne protestera plus, et la voix du ministre de la religion ne trouvera plus d'écho au sein de cette conscience aveuglée. Même après avoir perdu la foi, bon nombre d'hommes conserveront certaines pratiques cultuelles et rempliront certains devoirs de religion ; mais tout cela ne sera plus que des actes superstitieux destinés à calmer les vagues terreurs de leur instinct religieux.

Pourquoi, par exemple, certains hommes vont-ils à la messe deux ou trois fois l'an, se privent-ils de viande le Vendredi-Saint, alors qu'ils ne croient même plus à la divinité de Jésus-Christ ? Pourquoi accepteront-ils ou demanderont-ils un prêtre à leur heure dernière et ne voudront-ils pas se contenter d'un enterrement civil ? En faisant une analyse psychologique d'une telle conduite, on voit clairement que ce sont là pour eux des actes destinés, comme je le disais tout à l'heure, à calmer les vagues terreurs de leur instinct religieux. Ils sentent qu'il faut à l'homme une religion. Pour se tromper eux-mêmes, ils prennent certaines pratiques cultuelles, les moins gênantes, de la religion dans laquelle ils sont nés, et parviennent ainsi à se faire illusion par cette vaine apparence de religiosité trompeuse.

Ce n'est donc pas le culte, c'est la Foi qu'il faut surtout examiner pour savoir où nous en sommes au point de vue religieux.

Or, c'est la foi qui a, plus que tout le reste, disparu dans notre malheureuse patrie.

Et d'abord, comme société, la France ne croit plus à rien. L'apostasie commença au traité de Westphalie où la France fit donner une autonomie légale aux Etats protestants et fit remplacer le dogme de *l'arbitrage pontifical* entre les peuples chrétiens par le principe de *l'équilibre européen*. En 1682, elle faisait un pas de plus dans l'apostasie en niant par sa fameuse *Déclaration du clergé*, la *suprématie du pape* sur le *temporel des rois*. Enfin, en 1790, la *Déclaration des droits de l'homme*, se contentant de se mettre sous les auspices de *l'Etre suprême*, réduisait le dogme à un déisme vague, très voisin de l'athéisme.

C'était la négation radicale du surnaturel et du dogme chrétien; et c'est en cela, comme le fait remarquer Mgr Freppel, que consiste la quintessence, la moelle des *immortels principes* de 89. « Attributions du clergé, dit-il, en tant que corps politique, privilèges à restreindre ou à supprimer, tout cela est d'intérêt secondaire. C'est le règne social de Jésus-Christ qu'il s'agit de détruire et d'effacer jusqu'au moindre vestige. La Révolution, c'est la société déchristianisée ; c'est le Christ refoulé au fond de la conscience individuelle, banni de tout ce qui est public, de tout ce qui est social ; banni de l'Etat qui ne cherche plus dans son autorité la consécration de la sienne propre ; banni des lois dont sa Loi n'est plus la règle souveraine ; banni de la famille constituée en dehors de sa bénédiction ; banni de l'école où son enseignement n'est plus l'âme de l'éducation ; banni de la science où il n'obtient pour tout hommage qu'une sorte de neutralité non moins injurieuse que la contradiction ; banni de partout si ce n'est peut-être d'un coin de l'âme, où l'on consent à lui laisser un reste de domination. La Révolution de 89, c'est la nation chrétienne débaptisée, répudiant sa foi historique, traditionnelle, et cherchant à se reconstruire en dehors de l'Evangile, sur les bases de la raison pure devenue la source unique de droit et la seule règle du devoir. Une société n'ayant plus d'autre guide que les seules lumières de l'intelligence isolée de la Révélation, ni d'autre fin que le bien-être de l'homme en ce monde, abstraction faite de ses fins supérieures, divines, voilà dans son idée essentielle, fondamentale, la doctrine révolutionnaire de 89. » (*La Révolution française*, p. 23.)

Or, tous les gouvernements qui se sont succédés depuis, quels que fussent les sentiments personnels de ceux qui détenaient le pouvoir, se sont appuyés sur les *immortels principes*; et si parfois, ils ont fait, comme tels, des actes religieux, c'était le résultat d'une inconséquence pareille à celle du libre penseur qui va de temps en temps à la messe et demande des obsèques religieuses. Seule, la République que nous avons l'avantage de posséder, peut, à bon droit, se glorifier d'avoir été pleinement conséquente avec les *immortels principes*. Par l'abolition des prières publiques, le gouvernement a définitivement rompu avec toute pratique religieuse ; par ses lois scolaires, l'élément religieux est complètement banni de l'enseignement officiel ; le ministre du culte n'a plus, comme tel, aucune place dans les conseils de l'Etat ; par les organiques, le Concordat n'a jamais été et n'est plus ouvertement, qu'un permis d'existence accordé au culte catholique, permis que le gouvernement pourra lui retirer quand il le jugera opportun.

Le dogme de l'Etre Suprême a lui-même disparu et aujourd'hui, en France, au point de vue social, il n'y a même plus le Dieu vague et indécis du Déisme. En principe, le gouvernement *tolère* toutes les religions, mais il n'en *reconnaît* aucune ; il est purement et exclusivement *laïque*, c'est-à-dire *athée*, puisque « l'Etat laïque, considérant les religions et les croyances comme une question de vie privée, se borne à laisser croire à chacun ce qu'il veut et à protéger toutes les croyances. » (Paroles dites par M. Bourgeois au Sénat, le 25 mars 1892.)

Il faut avouer qu'après cela, il est difficile d'aller plus avant dans la négation dogmatique. Et la France présente en ce moment un phénomène unique dans l'histoire du monde ; une nation qui, comme telle, non seulement ne professe aucune religion, mais ne croit pas même à Dieu. Comme négation dogmatique, elle dépasse de bien loin l'Etat schismatique, l'Etat protestant, l'Etat musulman, l'Etat païen, l'Etat fétiche de l'anthropophage Océanie, puisque ceux-là croient au moins à quelque chose, tandis que la France, elle, ne croit plus à rien. Nous pouvons donc conclure qu'en France, au point de vue social, non seulement la religion catholique, mais toute religion est finie et bien finie. L'intervention du gouvernement dans la nomination des évêques et des curés ne peut pas être considérée comme un acte religieux, puisque, d'après les principes gouvernementaux, ce n'est pas autre chose que la haute surveillance et la mise en tutelle du pouvoir religieux.

Voici les déclarations que M. Charles Dupuy, ministre de l'Instruction publique et des Cultes, a faites à la Chambre des députés, le 20 janvier 1893, en réponse à un discours de Mgr d'Hulst.

« Je ne connais qu'une chose, la loi de mon pays, et je la ferai observer toute entière. Si c'est à ce prix que la paix peut être faite entre l'Etat et l'Eglise, je crois qu'elle se fera; mais l'Eglise n'aurait à s'en prendre qu'à elle-même du retard de la pacification dont on parle par la bouche de M. d'Hulst ou par celle de ses autres représentants, si elle émettait la prétention de traiter de puissance à puissance avec l'Etat dont elle est simplement *une subordonnée.* » (Vifs applaudissements à gauche et sur divers bancs au centre.)

Or, ne l'oublions pas, partout ailleurs, il y a une religion socialement reconnue comme *dogme*, tandis que d'autres sont parfois tolérées comme des *faits*. En Angleterre, par exemple, l'Anglicanisme constitue la religion officielle, tandis que le catholicisme et les différentes sectes protestantes sont tolérées comme des faits. Aux Etats-Unis, la Constitution, se sentant impuissante, admet provisoirement toutes les confessions chrétiennes, en attendant de connaître quelle est celle qu'il faut recevoir comme dogme, quelles sont celles qu'il ne faut tolérer que comme des faits : ce n'est pas un peuple apostat, mais une nation jeune qui, en attendant plus ample

informé, se tient dans une prudente expec
tative. Mais, en France, la liberté des cultes,
bien différente de celle des Etats-Unis, toujours d'après les *immortels principes*, tolère
les religions comme des *faits*, mais n'en
admet aucune comme un dogme, « parce que
l'Etat laïque, considérant les religions et les
croyances comme une *question de vie privée*,
se borne à laisser croire à chacun ce qu'il
veut et à protéger toutes les croyances. »

Encore une fois, toute religion est finie et
bien finie, et en attendant le règne *exclusif*
de la *Libre Pensée* qu'ouvertement et officiellement nos gouvernants préparent, *socialement la France ne croit plus à rien*.

Mais si le dogme n'existe plus pour la nation, il a aussi disparu du sein des masses ;
bien que se conservent encore çà et là, au
sein du naufrage universel des croyances,
quelques pratiques cultuelles, comme épaves
d'une religion disparue.

Et pour prouver que la foi n'existe plus
dans les masses, je pourrais me contenter de
m'appuyer sur ce qui s'est passé aux élections législatives de 1889. Tous ceux qui ont
voté pour les candidats républicains, ont voté
sciemment pour un gouvernement apostat et
pour des lois aboutissant fatalement à la
destruction du christianisme. Ceux qui ont
donné leur vote à des conservateurs, votaient
presque tous pour des raisons exclusivement
personnelles ou politiques. Ceux qui ont voté

par principes religieux, constituent une quantité négligeable.

Et c'est ce qui explique pourquoi aucun
candidat à la députation n'a osé faire une
profession de foi franchement catholique.
Les meilleurs se contentaient de quelques
phrases plus ou moins ronflantes sur la liberté
de conscience et autres calembredaines des
immortels principes. Parmi toutes les pro-
fessions de foi que j'ai lues, et Dieu sait s'il
y en a eu, je n'en ai pas trouvé une seule
qui ait ouvertement répudié les *immortels
principes* pour se déclarer franchement catholique, et je ne crois pas qu'il y en ait eu.
Ah ! c'est que tous ces candidats, royalistes,
bonapartistes, boulangistes, opportunistes,
radicaux, etc., avaient le sentiment de la
situation : ils savaient qu'une profession de
foi vraiment catholique était le meilleur
moyen de leur faire obtenir un nombre de
voix tout-à-fait dérisoire.

Or, quand on en est là, quand il suffit
qu'un candidat, quelles que soient d'ailleurs
sa capacité et ses opinions politiques, se
déclare *socialement* catholique, pour qu'il
échoue piteusement, c'est une preuve indis-
cutable que les masses ne croient plus.

Pour essayer de prouver le contraire, on
pourrait épiloguer à perte de vue, dire que
le peuple est trompé, qu'il ne se rend pas
compte de ce qu'il fait, etc., etc. Le peuple
est trompé, dit-on ; mais le gouvernement

fait depuis plus de dix ans une guerre tellement acharnée à la religion, que le plus illettré des électeurs en a certainement entendu parler.

L'électeur sait aussi qu'il y a le ministre de l'Evangile divinement chargé de l'éclairer quand il doute, et de lui indiquer ses devoirs. Or, ce conseiller n'est jamais consulté, et, si quelqu'un le consulte, c'est pour faire le contraire ou pour le dénoncer. Inutile de citer des faits : les suppressions de traitement prononcées par le feu ministre Thévenet, et depuis par d'autres, en sont la preuve.

Donc, si le peuple est trompé, c'est qu'il veut l'être. Par son vote, il fait écho au programme satanique : « *Le cléricalisme, voilà l'ennemi* » ; comme le peuple Juif faisait écho aux clameurs des Scribes et des Pharisiens, demandant le crucifiement de l'Homme-Dieu, *Crucifigatur*. L'erreur de l'un est aussi volontaire que celle de l'autre, et ils sont également coupables tous les deux.

Je sais bien, et c'est ce qui constitue un trompe-l'œil pour les esprits superficiels, que le nombre de ceux qui s'affirment ouvertement impies et incrédules est relativement assez restreint. Mais tous ceux qui se prétendent catholiques, même tous ceux qui pratiquent, sont-ils de véritables croyants ? Hélas ! en vertu du faux principe de la *liberté de conscience,* chacun se fabrique une religion à lui ; il prend du catholicisme quelques vérités dogmatiques, morales, cultuelles, celles qui lui conviennent; et il estime que l'Eglise doit se considérer comme très honorée de ce que lui, esprit indépendant et supérieur (et aujourd'hui le dernier des paysans en est là), daigne accepter une partie de son dogme, de sa morale et de son culte. Cet homme disant qu'il ne manquerait pas la messe le dimanche, pour mille francs, mais qu'il ne se confesserait pas pour dix mille, donne la mesure de ce qu'il faut penser de nos catholiques, même pratiquants plus ou moins fantaisistes.

Au reste, voici comment le *Figaro*, le journal officiel des catholiques qui ne croient pas, constate, dans son numéro du 27 décembre 1889, l'état psychologique de ses lecteurs, à propos des obsèques religieuses d'un libre penseur.

« Avant-hier, à l'église de la Madeleine, avaient lieu les obsèques de M. Havet, professeur au Collège de France et membre de l'Institut. Parmi les hommes célèbres qui assistaient à cette cérémonie catholique, on remarquait M. Jules Simon, qui a fait profession de philosophie déiste; M. Jules Ferry, regardé comme un adversaire de l'Eglise; M. E. Renan, qui a été excommunié ou quelque chose d'approchant. Quand au regretté défunt, professeur très distingué d'éloquence latine, il ne s'était guère fait connaître du grand public que par l'ardeur amicale qu'il

avait mise à défendre M. Renan au moment
où parut la *Vie de Jésus*. M. Havet était lui-
même un *hellénisant*, dans ce sens qu'il esti-
mait que la philosophie chrétienne, loin
d'avoir une révélation divine pour source,
était tout entière contenue dans les traités
des sages et des penseurs helléniques, en
particulier, dans les œuvres des Platoniciens
de l'école d'Alexandrie... Malgré la belle
tenue de la discussion dans son livre *Les origines du christianisme*, malgré l'incompa-
rable poésie du récit de M. Renan dans la
Vie de Jésus, il n'est pas possible de nier
que ses œuvres ne soient œuvres anti-chré-
tiennes. Le pittoresque de M. Renan, la
sagace critique de M. Havet ne laissent même
pas une ombre de doute sur les intentions
de ces écrivains et de ces penseurs. Le moins
qu'on puisse dire, c'est qu'ils furent effroya-
blement hérétiques. Et cependant, l'un est
enterré catholiquement, et l'autre prend part
à cet acte solennel du culte. Y a-t-il eu pour
le mort ou pour le survivant une rétractation
de leurs opinions passées ? Pas le moins du
monde. L'Eglise, il est vrai, suppose toujours
in extremis la possibilité d'une illumination
de la grâce efficace qui dispense de toute
manifestation extérieure celui qui en est
l'objet.. C'est là l'explication théologique
d'une tolérance qui est due en réalité, à l'état
de nos mœurs. La foi catholique diminue,
dit-on, dans le monde. Mais nos mœurs en

restent imprégnées ; et c'est à elles que l'on
doit les contradictions, et les contrastes semblables à ceux que je signale aujourd'hui
dans les *pieuses* obsèques d'un *incrédule*. Il
est nécessaire de faire remarquer ces incon-
séquences flagrantes de nos mœurs, tant elles
nous échappent aisément depuis que l'accou-
tumance nous les a rendues si familières que
nous ne les sentons pas. « *Le culte persiste,
le dogme s'use.* »

Voilà bien, peint tel quel, le catholicisme
mondain, le catholicisme dominant à notre
époque. Le contraste n'est pas toujours aussi
frappant ; mais à la plupart des enterrements
religieux, on pourrait répéter les mêmes
paroles : *Le culte persiste, le dogme s'use.*

Quelques jours après, mourait à son domicile de Saint-Nicolas-de-la-Grave, M. Las-
serre, le grand électeur de Tarn-et-Garonne,
le député opportuniste de Castelsarrasin.
Surpris, dit-on, par la mort, il n'avait pas
eu le temps de régler les affaires de sa conscience. Mais, en 1881, il avait mis dans son
testament, qu'étant hostile aux enterrements
civils, il voulait pour lui-même des obsèques
religieuses. Cela ne l'avait nullement empêché de voter ensuite toutes les lois qui tendent directement à la destruction de l'Eglise,
loi scolaire, loi militaire, etc. Tandis que le
parti républicain profitait de cet enterrement
pour faire une manifestation républicaine,
le clergé fut heureux de profiter du testament

pour déployer toutes les solennités du culte catholique, en l'honneur de cet homme mort, sinon excommunié, pour le moins, sans avoir pu se réconcilier avec l'Eglise. Dix-huit prêtres escortaient le convoi, parmi lesquels deux archiprêtres et plusieurs curés de canton, tous revêtus de leurs insignes. Il ne manquait que l'évêque du diocèse qui, dit-on, avait été invité.

Je m'abstiens de toute appréciation sur cette exhibition de soutanes, de surplis et de camails. Qu'il me suffise d'ajouter que je pourrais multiplier les exemples. Mais ceux-là suffisent pour donner le diapason du jour : *Le culte persiste, le dogme s'use.*

Pour le grand nombre, même de ceux qui pratiquent le culte plus ou moins, la religion n'existe pas à l'état de conviction, mais à l'état de simple opinion, et comme mesure de sûreté qui, si elle ne fait pas du bien, ne peut pas faire du mal. On conserve certaines pratiques habituelles du catholicisme ; mais on n'a pas la foi, puisque la foi consiste essentiellement à croire tout ce que l'Eglise enseigne. Or, aujourd'hui, chacun, dans ce que l'Eglise enseigne, s'arroge le droit de croire ce qui lui plaît. On pourrait objecter qu'ils se trompent, qu'ils sont trompés. Mais cela n'est pas vrai, puisque beaucoup, même de ceux qui récitent leur acte de Foi tous les matins et tous les soirs, ne se gênent pas le moins du monde pour critiquer certains enseignements de l'Eglise et rejeter tout ce qui ne leur convient pas. Au lieu de dire dans leur acte de Foi : « Mon Dieu, je crois tout ce que l'Eglise enseigne, parce que c'est vous qui l'avez révélé et qui êtes la vérité même », la pluplart des chrétiens devraient dire : « Mon Dieu, dans ce que l'Eglise enseigne, je crois ce que ma raison trouve raisonnable, parce que cela me plaît. » C'est une foi purement rationaliste, basée, non plus sur l'autorité divine, mais sur la prétendue infaillibilité de la raison humaine.

Et la preuve, c'est que si leur opinion se trouve en contradiction avec les enseignements de l'Eglise et qu'un prêtre *ingénu* croie de son devoir de les avertir, ces gens-là n'en persistent pas moins dans leur erreur. S'ils sont polis, ils font semblant de se soumettre; s'ils ne le sont pas, ils l'envoient promener.

Un jour, un prêtre de mes amis, pour me prouver l'ignorance profonde des chrétiens même instruits en matière de religion, me racontait qu'il avait trouvé un ancien Conseiller de Cour d'appel, communiant souvent, qui ne savait pas que l'usage de la viande le vendredi fût un péché mortel, et qu'il avait été obligé de lui apprendre cette vérité, pourtant élémentaire, du catéchisme. « Et vous croyez l'avoir converti, lui répondis-je, détrompez-vous. » En homme poli, il s'est incliné devant vos observations, faites, passez-moi le mot, par un homme du métier, observations certainement jugées très impolies par tout le salon et par lui tout le premier. Mais si le lendemain, en votre absence, il avait été amené à exprimer de nouveau son avis sur la même question, soyez sûr qu'il n'aurait pas changé un mot de ce qu'il aurait dit la veille. » — Je me suis donné le luxe de faire cette expérience plus d'une fois.

Certainement, cet homme qui fréquentait beaucoup les églises, puisqu'il communiait souvent, avait une fois ou l'autre, entendu dire du haut de la chaire, que l'Eglise ordonnait l'abstinence du vendredi et de certains autres jours, sous peine de péché mortel. Mais sa raison se révoltait à la pensée que quelqu'un, pour avoir mangé un peu de viande, pût être condamné à brûler éternellement. Et dans son for intérieur, car il était trop bien élevé pour oser le dire, il regardait cet enseignement, qu'on me passe le mot, comme une *formidable blague*, destinée à faire impression sur les âmes simples et naïves.

Au reste, le clergé lui-même semble mettre la religion au rabais en se montrant plus ou moins exigeant selon que les clients se montrent disposés à lui accorder plus ou moins. Et en face de cette capitulation progressive, un chrétien naïf comme moi, va quelquefois jusqu'à se demander si le clergé lui-même n'a pas perdu la foi. On le voit, ce clergé, au moins celui qui fait du zèle, ne cherchant

qu'à faire venir à l'église, n'importe pour
quel motif, admettre aux sacrements tout ce
qui se présente, sans distinction.

A-t-on jamais vu refuser les sacrements à
un homme parce qu'il avait voté pour un
radical, c'est-à-dire, pour un gouvernement
athée, et qui loin de se repentir, se montre
tout disposé à voter encore. Dans certaines
paroisses rurales, ce sont ceux-là surtout
qu'on voit le plus souvent à la sainte Table
et qui sont les piliers d'église et de sacristie.

Je sais bien que le prêtre pour s'excuser
lui-même et excuser son pénitent, se retran-
che derrière la *bonne foi*. Hélas! elle est si
bonne, cette bonne foi, que si le clergé se
permettait de la détruire, la plupart, plutôt
que de se soumettre, aimeraient mieux se
passer de ses absolutions, de ses communions,
voire même de son eau bénite à leur heure
dernière. Au surplus, tout le monde sait à
quoi s'en tenir relativement à cette bonne foi.
Le pénitent sait fort bien que s'il s'accusait
d'avoir voté pour un franc-maçon, le confesseur mis en demeure de se prononcer,
serait obligé de le lui défendre. Et le confesseur sait fort bien que s'il s'avisait de
défendre au pénitent de voter pour un franc-
maçon, celui-ci répondrait par un refus formel. Et alors, pour éviter des difficultés et
des froissements réciproques, pour se rendre
mutuellement la tâche plus facile, le confesseur n'interroge pas, le pénitent ne s'accuse

pas. Le pénitent se dit : « Puisque le confesseur ne m'interroge pas, c'est que cela n'est pas un péché, car il connaît parfaitement mes opinions et mes votes. » Le confesseur se dit : « Puisque le pénitent ne s'accuse pas, c'est qu'il est évidemment dans la bonne foi, car il est trop bon chrétien pour ne pas s'accuser, même s'il avait un simple doute. » Et c'est ainsi que le confesseur ne dit rien et que le pénitent se tait. Et c'est ainsi que, se passant mutuellement la rhubarbe et le séné, les absolutions et les communions continuent leurs cours. Franchement, c'est une bonne foi qui ressemble singulièrement à une comédie, et, s'il m'est permis d'employer le mot propre, à une carnavalade.

Dans les campagnes, au moins dans celles réputées les plus chrétiennes, la principale chose qui survive au naufrage universel des croyances, c'est ce qu'on a coutume d'appeler le *culte des morts* et qu'on devrait plus exactement nommer la peur des morts ou plutôt, le *culte du diable*.

Aussitôt qu'un enfant unique (pas un vieillard), une vache, un pourceau, même une oie est malade, on va trouver un sorcier quelconque ou l'on a recours à certains *sorts*, certaines *vaines observances ;* et sur ses indications on fait faire un service, dire une Messe au nom d'un certain saint, on récite tant de chapelets, on fait un certain chiffre d'aumônes, etc., sans compter certains détails ridicules et quelquefois plus ou moins immoraux que chacun garde par devers soi... Et puis... l'enfant, la vache, le pourceau, l'oie guérit, et l'on est tout heureux de s'être débarrassé du mort à si bon marché.

Malheureusement ça finit par recommencer bientôt, car le mort, le même ou un autre ne tarde pas à revenir les tracasser pour obtenir de nouvelles prières, qu'on lui accorde, mais en le trouvant par trop exigeant.

Et après cela, qu'un prêtre sérieux aille leur dire de ne plus avoir recours à ces pratiques superstitieuses et diaboliques, parce que l'Eglise les condamne ; ils répondront imperturbablement : « Que voulez-vous, quand on est dans l'embarras, on s'en tire comme on peut ; on ne m'a pas commandé de mal faire ; j'ai fait ce qu'on m'a dit et je m'en suis bien trouvé. » Et le prêtre aura beau insister pour leur prouver que ces prières faites sur indication du sorcier ou de vaines observances, constituent un acte d'obéissance, un culte rendu au démon, et, par conséquent sont mauvaises non en elles-mêmes, mais par suite de l'intention qui les fait faire ; ils répondront : « Je n'ai pas l'intention d'obéir au démon, et après tout, *chacun son idée.* »

Et puis, c'est fini ; le prêtre a beau parler, on ne l'écoute plus.

Mais en revanche, le sorcier voluptueux,

(et ils le sont tous) peut commander en maître, il est sûr d'être obéi ; le mari lui abandonnera sa femme, la femme, quoique *honnête* se livrera, et tous les deux croiront faire un sacrifice grandement méritoire devant Dieu ; et ils continueront quand même à fréquenter les sacrements avec plus de piété et de ferveur.

Ce que je dis, ce n'est pas du roman, c'est de l'histoire et de la contemporaine.

Hélas ! quand la religion s'en va, la superstition la remplace ; quand on *ne croit plus à Dieu, on croit au diable.*

Sur cette matière aussi, beaucoup de prédicateurs se taisent et de confesseurs ne parlent pas, pour ne pas troubler, disent-ils, la bonne foi de leurs auditeurs et de leurs pénitents, pour avoir, disent certains malins, quelques honoraires de messes, quelques services en plus.

Pour moi, quelques soient les vraies intentions des prêtres qui se taisent, je ne vois dans la religion ainsi pratiquée qu'une *simple mascarade.*

Une dernière considération nous fera encore mieux toucher la chose du doigt.

Afin d'appartenir parfaitement et complètement à l'Eglise catholique, deux choses sont, pour tout chrétien, nécessaires et suffisantes : La Foi en tout ce que l'Eglise enseigne, et *l'état de grâce,* c'est-à-dire, l'amitié de Dieu, la créature bien avec son créateur. Tout

homme qui possède ces deux choses : la Foi
intégrale et l'état de grâce, non seulement
est religieux, mais encore il est *saint :* tout
le reste n'est qu'accessoire. Il pourra faire
une foule de pratiques cultuelles extérieures ;
s'il n'y a pas au fond du cœur l'état de grâce,
ou au moins l'intention de le recouvrer,
c'est du *faux*, c'est du pur *simulacre*, c'est
un culte *idolâtrique*, qu'on voit, *eidolon*,
mais qui n'existe pas en réalité. Or, quels
sont ceux, même parmi les chrétiens pratiquants, qui remplissent leurs devoirs religieux pour recouvrer l'état de grâce ou pour
s'y maintenir ? quels sont ceux qui, l'ayant
perdu par un péché mortel, feront tout ce
qu'il faut pour y rentrer le plus tôt possible ?

D'abord, il est incontestable qu'il faut
mettre de côté tous ceux qui ne se confessent
pas du tout, bien qu'ils aillent à la messe du
dimanche, et aussi, tous ceux, ou à peu près,
qui ne se confessent qu'à Pâques et même à
Noël par habitude, et pour se conformer à
l'usage de la paroisse. Bien plus, je prétends
qu'il faut encore exclure la plupart des personnes qui se confessent plus souvent et
jusqu'à la majorité des personnes soi-disant
pieuses. On les voit, en effet, accumuler les
pratiques extérieures de piété et de charité,
tout en se réservant le droit de croire ce qui
leur plaît, et sans se gêner le moins du monde
pour commettre sur certaines matières de
très gros péchés mortels. C'est que leur culte,

comme celui des autres, est un culte purement extérieur, qu'on voit, idolâtrique, *leido-
lon*, mais qui n'a nullement pour principe et
pour fin l'amour de Dieu.

Le clergé, dans certains de ses membres,
semble prendre à tâche de multiplier ces
pratiques sous des vocables divers, et favoriser ainsi ce penchant qu'ont surtout certaines âmes féminines à remplacer la vraie
piété, qui coûterait quelques sacrifices, par
de vains simulacres qui ne coûtent rien et
qui ne servent qu'à varier les distractions et
à flatter l'amour-propre. C'est vraiment le
cas de répéter le mot de Mgr Mermillod : « Les
dévotions tuent la dévotion. »

Or, aujourd'hui, le clergé semble avoir
en partie abandonné la défense et la
pratique des principes. Les prêtres ordinaires
se contentent de maintenir approximative-
ment les pratiques cultuelles existantes ;
baptêmes, premières communions, mariages,
*surtout enterrements, neuvaines et anniver-
saires*, communions à Pâques et à Noël, selon
l'usage des paroisses. Les plus zélés cherchent
et emploient des industries pour augmenter
le nombre des communions parmi leurs
ouailles. Et puis..... c'est tout.

Au reste, généralement les questions théo-
logiques les préoccupent fort peu, et ils les
considèrent ordinairement comme de vaines
disputes de théologiens, indignes d'occuper
leurs loisirs. Il n'y en a pas mal qui le disent

et même qui s'en vantent. Quand un prêtre
traite ainsi des vérités que Jésus-Christ a pris
lui-même la peine de nous révéler, un laïque
tant soit peu mal pensant a bien, ce me semble, quelque apparente raison de supposer
que c'est un prêtre qui ne croit pas, qui fait
semblant de croire quelque chose par esprit
de corps et surtout dans l'intérêt du *métier*.

Je sais bien que l'on dit qu'en France le
catholicisme n'est pas mort, et pour preuve,
l'on donne processions, communions générales, œuvres charitables, propagation de la
Foi, pèlerinages, etc., etc. Hélas, on le dit
trop souvent pour faire croire que c'est complètement vrai : on n'insiste ordinairement
pour affirmer la vitalité d'un être que lorsqu'on craint que d'autres n'aient des raisons
de le croire mort ou mourant. Toutes ces
œuvres, en effet, ce sont trop souvent des
cheveux et des ongles continuant à végéter
sur le cadavre encore chaud. Mais où sont les
hommes d'une foi vive, animés par la charité?
La religion ne vit qu'en eux. Tout le reste,
je le répète, ne constitue qu'un culte purement extérieur, un vain simulacre.

Donc, pour nous résumer, en quelques
mots: la religion est finie dans l'Etat, puisque
le gouvernement comme tel, ne croit plus
même à Dieu ; elle est également finie dans
les masses ; car athées, incrédules, philo-
sophes, chrétiens à l'eau de rose, chrétiens
fervents, tout cela ne croit plus, puisque

presque tous refusent *sciemment* de croire
tout ce que l'Eglise enseigne. Le clergé lui-
même, faut-il le dire, semble dans quelques-
uns de ses membres, avoir perdu la foi. Et c'est
ce qui explique comment le péché d'hérésie
lui paraît si peu de chose ; comment s'il avait
à comparer un hérétique à un homicide,
l'hérétique lui paraîtrait de beaucoup le
moins coupable.

Nous vivons dans une atmosphère d'incrédulité, qui fait que chacun la possède à l'état
inconscient et qu'il se paraîtrait ridicule à
lui-même, s'il essayait de s'en défaire.

N. B. Les lignes qui précèdent étaient
écrites depuis quelque temps quand parut la
lettre pontificale du 16 février 1892, con-
seillant à tous les catholiques français l'adhé-
sion à la forme républicaine, tout en maintenant l'opposition aux lois anticatholiques.

Je ne discuterai pas ici les droits du pape
en matière politique et les devoirs des catholiques qui sont corrélatifs. La chose est trop
importante et mérite d'être traitée à part.

De l'Encyclique et des discussions qui l'ont
suivie, deux faits ressortent avec évidence :
c'est que les républicains catholiques sont
républicains d'abord et puis *catholiques,* c'est
que les conservateurs catholiques sont *conservateurs* d'abord et puis *catholiques.* Or,
comme dit saint François de Sales, la religion est une reine et ne saurait se contenter

du rôle d'une Cendrillon ; il lui faut la première place, ou bien elle se retire. On le
démontre en traitant de la subordination de
la raison à la foi, du temporel au spirituel,
du naturel au surnaturel, de l'humain au
divin.

Et comme tous nos catholiques républicains ou conservateurs, plaçant la question
politique avant la question religieuse, relè-
guent le catholicisme au moins au second
rang, il se trouve là une nouvelle preuve
qu'en France, il n'y a guère plus de catholicisme qu'un *vain simulacre*, mais que le *vrai*
a plus ou moins disparu.

LIVRE II

FIN DE LA MORALE

Sommaire. — Deux parties dans la Morale ; devoirs
envers Dieu, devoirs envers le prochain. Devoirs
envers Dieu devenus facultatifs, même dans l'appréciation des personnes pieuses. La partie qui regarde
le prochain s'ébréchant tous les jours. L'habileté
remplaçant la droiture. La moralité à la ville ; maison de M. Drumond. La moralité à la campagne :
une ferme modèle ; une plaisanterie inoffensive.
Un mot sur la probité. Honnêteté de ceux qui fréquentent les sacrements. Confessions fantaisistes.
Complaisance des confesseurs ; un fait divers. —
Impuissance *sociale* des *Œuvres*. Impossibilité
d'une régénération générale. Faux prophètes.

Le vieux Décalogue, la vieille Morale de
nos pères se composait de deux parties : l'une
principale, renfermant nos devoirs envers
Dieu ; l'autre secondaire, renfermant nos
devoirs envers le prochain, nous-même
compris.

Aujourd'hui, la première partie n'existe
plus comme morale, c'est-à-dire comme obligation, même auprès de beaucoup de ceux
qui l'observent, car ils la regardent comme

absolument facultative. Et la preuve, c'est qu'ils considèrent ceux qui ne la pratiquent pas comme au moins aussi honnêtes que les autres.

Un jour, m'étant permis d'appeler triste sire un jeune homme qui ne pratiquait pas, devant sa mère, femme sérieuse qui communiait souvent ; celle-ci se crut offensée, me dit que son fils en valait bien d'autres qui communiaient : Mais, que voulez-vous, me dit-elle, *ce n'est pas son idée.*

La piété elle-même n'est donc plus qu'une affaire d'idée, d'opinion et, pour employer le mot propre, qu'un *exercice de la libre pensée.* Car enfin, compter pour rien, quand on parle d'honnêteté, les devoirs envers Dieu, c'est regarder ces devoirs comme facultatifs et par conséquent, les nier, c'est être *libre penseur.*

C'est cette même libre pensée de la piété qui explique certaines fadaises de prétendues dévotes qui, à certains moments, communieraient plusieurs fois par jour si c'était possible, et qui passeront ensuite des semaines, des mois, des années sans s'approcher de la sainte Table, et cela, pour le caprice le plus futile.

Toutes les personnes qui communient souvent n'en sont pas là, grâce à Dieu ; mais c'est peut-être le grand nombre. Et les autres manquent totalement de cette délicatesse de conscience, élémentaire cependant, qui marque dans son estime personnelle, une différence entre un homme fidèle à remplir ses devoirs envers Dieu et celui qui les néglige.

Une jeune fille, même pieuse et sérieuse, cherchera-t-elle avant tout à donner sa main à un homme qui remplit ses devoirs religieux? Dans les affaires du mariage, c'est une question qui est rarement mise sur le tapis, même dans les familles les plus chrétiennes ; ou, si on l'y met, c'est par manière de plaisanterie, et le fiancé fait des promesses que tout le monde sait fort bien qu'il ne tiendra pas.

On m'objectera peut-être qu'il en a toujours été ainsi. A cela je réponds : Oui, si ce *toujours* comme celui des révolutionnaires ne va que jusqu'en 1789 ; non, s'il remonte plus haut.

Donc, la partie principale de la vieille morale n'existe plus comme morale, c'est-à-dire, comme obligation ; c'est une *vieillerie démodée* qui perd tous les jours des *clients*.

Quant à la seconde partie, aux devoirs envers le prochain, les gens qui veulent passer pour honnêtes prétendent l'observer encore. Mais, en réalité, ils n'en observent que tout juste ce qu'il faut pour les empêcher de passer comme malhonnêtes aux yeux de leurs semblables. Et comme dans l'estime des hommes, le nombre des choses réputées malhonnêtes, diminue tous les jours, il s'ensuit que les prescriptions de cette morale vont se réduisant à peu près à rien du tout.

Autrefois, le fils pleurait à la mort de son vieux père, et le père se réjouissait quand il lui naissait un enfant. Aujourd'hui, ce n'est plus cela : le fils se réjouit sur le tombeau de son père ou, s'il y pleure, c'est de joie ; le père gémit sur le berceau de son enfant, ou s'il y sourit, c'est un sourire forcé qui grince des dents. En effet, l'un est un embarras de plus, l'autre un embarras de moins.

Les gens qui prétendent se respecter ne tuent pas encore les corps ; mais ils tuent les âmes, souillent l'innocence, commettent surtout ces infanticides préventifs qui les dispensent de verser de nouvelles larmes sur de nouveaux berceaux, louent leurs femmes, les prêtent à leurs amis, à leurs créanciers, leur permettant toute licence, à la condition que la famille n'en soit pas augmentée, etc., etc.

M. Drumond dans son livre : *La fin d'un monde,* fait le tableau, radouci quoi qu'on en dise, des mœurs de Paris et de nos grandes villes. Je me contenterai d'y renvoyer le lecteur et de citer comme spécimen le résumé de *l'histoire de sa maison*, qu'il nous donne dans son livre. *La dernière bataille*, p. 212.

« C'était, dit-il, une maison très convenable sans être luxueuse, où l'on ne recevait pas de locataire suspect et où il était défendu de faire du bruit ; et je me sens effrayé de tous les drames qui se sont succédé dans cet immeuble si bien tenu. Deux locataires sont devenus fous, il y eut trois infanticides;

le tailleur du cinquième s'est jeté par la fenêtre. Le mari d'une brave cuisinière a violé ses trois filles, avec lesquelles je jouais enfant et qui étaient déjà violées à dix ans... La dame du deuxième s'est empoisonnée un soir parce que son mari l'avait quittée pour une femme qui jouait dans les théâtres.

« Le concierge et sa femme formaient un couple étrange ; elle, bouffie d'une graisse huileuse ; lui velu et noir ; il vivait dans une loge absolument sombre et d'une fétidité repoussante, au milieu de chats et cochons de lait. Du matin au soir, sans jamais mettre les pieds dehors, l'homme travaillait de son état de cordonnier, avec une lampe et un globe d'eau devant lui ; il n'avait d'autre joie que de dire des saletés aux petites filles et les pères venaient lui donner des coups. »

« Un officier ministériel habitait notre maison ; il était très laid avec un teint blafard et des cheveux jaunes, et sa femme était plus laide que lui avec une tête de pie-grièche. Ils avaient une domestique, Virginie, que toute jeune j'aimais beaucoup. Je lui montais ses seaux d'eau quand je la rencontrais au bas de l'escalier, et je lui lisais les lettres de son père auquel elle envoyait tous ses gages et qui, en échange, lui donnait de bons conseils. Je la trouvai un jour, suffoquée par les larmes sur le palier du premier, et je l'embrassai en lui disant : Ma pauvre Virginie, ne vous désolez pas comme cela ; qu'est-ce

que vous avez cassé ? » La malheureuse avait
effectivement cassé quelque chose et je compris vaguement ce qui s'était passé par les
conversations que l'on tenait à voix basse :
« Elle est enceinte : C'est dégoûtant. Ce n'est
pas sa faute. » L'officier ministériel avait
mis à mal la pauvre créature. La pie-grièche
s'était aperçue du manège, elle avait forcé
le mari à jeter lui-même Virginie à la porte
en la traitant de gourgandine. »

L'histoire de la maison qu'habitait M. Drumond, c'est, sauf de légères variantes, l'histoire de la plupart des maisons de la capitale
et des villes de province : c'est ainsi que les
honnêtes gens respectent la vie et l'honneur
du prochain.

Or, ce qui se passe dans les villes se passe
également dans les campagnes.

M. de Penboch, dans son livre *Demain*,
p. 156, à l'encontre de M. Drumond, prétend
que les campagnes sont plus pourries que
les villes. Pour ma part, je crois qu'elles se
valent, c'est-à-dire, que ni les unes, ni les
autres, ne valent rien. Pour compléter
M. Drumond qui ne parle que de ce qu'il
connaît, je pourrais citer une foule de faits
montrant en action dans nos campagnes, la
morale contemporaine telle que nous la
dépeint, dit-on, M. Zola dans son livre *La
terre*. Je me contenterai d'en citer deux que
j'ai entendu raconter par des personnes dignes
de foi.

Un jeune père, de famille pauvre, me parlait un jour de l'impossibilité où l'on est de placer les enfants, les filles surtout, sans les exposer à toutes les ignominies. Et à l'appui de son dire, il me raconta le fait suivant : « Un samedi soir du mois d'août, dit-il, je partis de la maison de mes maîtres à l'entrée de la nuit pour me rendre chez mes parents. Afin d'arriver plus vite, au lieu de suivre la route, je pris à travers champs. Soudain, j'entends certains bruits et certains gémissements dans un champ de maïs voisin. J'accours à pas de loup, devinant quelque peu ce qui pouvait se passer ; et je prends, en effet, un homme et une femme en flagrant délit. Mais, ô surprise, tandis que j'espérais surprendre un domestique et une servante, l'homme était un grand propriétaire demi-bourgeois, d'une réputation irréprochable, d'un certain âge, qui ne tolérait aucun mot déplacé dans le personnel de sa maison, maire de sa commune, religieux, sanctifiant le dimanche, faisant très régulièrement ses Pâques et son Noël. Et la femme ! c'était une fillette de 13 à 14 ans, mise par ses parents sous la garde de cet homme *intègre*. Hélas ! il était le bourreau de celle à qui il avait promis de servir de père. Or, poursuivait mon interlocuteur, si cela se passe dans les familles les mieux tenues et réputées de tous points irréprochables, que doit-il se passer dans les autres ? »

Je ne ferai qu'indiquer le second fait, car

il me déplaît souverainement d'insister lon-
guement sur ces matières. En deux mots :
c'était un mari qui consentit à prêter pour
une nuit son lit à un de ses amis, en lui indiquant tous les moyens de surprendre la bonne
foi de sa femme et ne lui imposant d'autres
conditions que d'être assez habile pour la
tromper. Et celui qui jouait ainsi sur l'honneur
de sa femme, ce n'était ni un soudard, ni un
va-nu-pied : c'était au contraire, un homme
riche, très bien posé, et, comme le précédent, maire de sa commune.

Ces deux exemples suffisent amplement
pour montrer ce qu'est la moralité des campagnes et pour prouver que les fermes rurales
ne valent pas plus que les maisons urbaines
de M. Drumond.

Et après le chapitre des mœurs, il y aurait
encore un plus long chapitre à faire sur celui
de la probité : depuis le Juif milliardaire qui
escroque des millions par d'habiles coups de
bourse, jusqu'à la pauvre fermière qui vend
subrepticement une douzaine d'œufs couvés.
Je juge inutile d'insister. Tout le monde sait
fort bien qu'aujourd'hui le grand moyen de
se tirer d'affaire, c'est l'escroquerie, et qu'un
homme qui voudrait dans son commerce, ses
ventes, ses achats, suivre en matière de probité les vieilles habitudes d'autrefois, serait
vite ruiné. Autrefois, en effet, la masse était
honnête, on ne voulait ni tromper, ni voler.
Aujourd'hui les visées sont plus modestes ;

on veut tout simplement éluder les articles du Code pénal, esquiver l'amende ou la prison. Je n'insiste pas davantage. Pour les escroqueries en grand, qu'on lise dans la *Dernière Bataille* de M. Drumond, l'histoire du Panama ; pour les escroqueries en petit, que chacun se contente d'examiner ce qui se passe autour de lui et peut-être aussi ce qu'il fait lui-même.

Nous pouvons donc conclure que les devoirs envers le prochain ne sont guère plus pratiqués que les devoirs envers Dieu, malgré certaines apparences contraires, et par suite, que la seconde partie de la morale n'est pas plus observée que la première.

Parmi les *honnêtes* gens dont je parlais tout à l'heure, il y en a un certain nombre qui se glorifient d'être chrétiens, qui veulent même se donner la satisfaction de fréquenter les sacrements ; et c'est sur eux que M. de Penboch fonde ses espérances de restauration sociale. Cela prouve tout simplement que M. de Penboch ne sait pas comment ces bons chrétiens fréquentent les sacrements. Sans autre préparation qu'un ou deux *Pater* récités à la hâte, sans avoir songé le moins du monde au regret pour le passé, au bon propos pour l'avenir, ils récitent un petit chapelet, toujours le même, de peccadilles qui ne signifient pas grand'chose et se gardent bien d'accuser les grosses fautes qui pourraient embarrasser. Et si un confesseur d'un

autre âge se permet l'audace de les interroger
sérieusement, le fait suivant va nous dire
comment il sera reçu.

Un confesseur, ému par cette suppression
universelle de la fécondité dont nous aurons
à parler plus loin, crut, un jour, de son
devoir, d'interroger sur l'usage du mariage
un de ses pénitents des mieux pensants :
« Ah ça, Monsieur le Curé, lui fut-il répondu,
vous ne comprenez pas que vous me f...
(c'était un paysan), j'ai pris une femme pour
en faire ce que je veux, entendez-vous, et si
vous voulez me confesser, parlons d'autre
chose. » Là-dessus, le confesseur baissa la
tête et se contenta de lui dire de sa voix la
plus douce : « Mon ami, continuez votre confession. »

Ce simple fait-divers en dit long sur le
confesseur, sur le pénitent, sur le peuple,
sur le clergé. Dans ma tête, les considérations, les idées se pressent en foule ; mais
passons.

Concluons simplement que ceux qui fréquentent les sacrements, tout comme les
autres, ne prennent de la morale évangélique
que ce qui les accommode, comme ils ne croient
que ce qui leur plaît. Et après cela ils se prétendent encore d'excellents chrétiens. Hélas !
ils pratiquent sans foi, ils pèchent sans remords.

Je veux bien admettre des exceptions et
je sais qu'il y en a ; mais elles sont si mi-

nimes qu'elles ne sauraient compter au moins
pour une restauration sociale.

Et c'est ce qui explique l'impuissance au
point de vue social, de ce qu'on a coutume
d'appeler les *Œuvres* : Tiers-Ordre, Apostolat de la prière, Cercles catholiques, conférences de Saint Vincent de Paul, etc., etc.
Toutes ces œuvres attirent du monde, tant
qu'on se contente de demander certaines pratiques cultuelles, certaines manifestations
extérieures. On se réunira, on chantera, on
aura des consommations à bon marché, on
donnera des soirées, on assistera à la Messe,
on fera des adorations nocturnes, même des
communions générales... Mais le jour où l'on
voudra donner à ces associations un caractère
sérieusement chrétien, c'est-à-dire, leur imposer la foi à tout ce que l'Eglise enseigne et
l'obligation de faire tout ce qu'elle ordonne ;
ce jour-là la masse désertera, et il ne restera
qu'un tout petit troupeau à qui le Directeur
pourra dire comme le Sauveur aux apôtres :
*Nolite timere, pusillus grex, quia compla-
cuit Patri vestro. dare vobis regnum.* Ne
craignez pas, petit troupeau, parce qu'il a plu
à votre Père de vous donner un royaume.

Et voilà pourquoi les *œuvres* se réduisent
la plupart du temps, à n'être que de fades
pratiques cultuelles, de vains simulacres.
Aussi, c'est vraiment triste de voir comment
dans les différents congrès catholiques, chacun se présente, vous vantant sa *marchan-*

dise, c'est-à-dire son *Œuvre*, et vous prou-
vant que le salut de la France doit sortir
de là.

Ni Tiers-Ordre, ni Apostolat de la prière,
ni Cercles catholiques ne sauveront la France.
Une seule chose pourrait la sauver, le retour
à Jésus-Christ, c'est-à-dire le retour intégral
à la Foi et à la morale évangélique. Le salut
n'est que là, il n'est pas ailleurs. *Non est in
alio aliquo salus.*

Le Tiers-Ordre sauvera la France !... Mais
voyez cette mère supérieure qui ne reconnaît
pas au pape le droit de dispenser du jeûne
et de l'abstinence du carême. C'est sa manière
à elle de croire tout ce que l'Eglise enseigne
et de respecter son autorité !

L'Apostolat de la prière sauvera la France !
...Mais voyez cette vénérable matrone, zéla-
trice de l'apostolat, qui enseigne avec ardeur
aux jeunes épouses les moyens d'éviter, sans
blesser la conscience, les embarras de la maternité, pour être moins gênées dans les pratiques de l'apostolat, et qui leur recommande
surtout de n'en jamais souffler mot, pour
cause de décence, à leur confesseur. C'est sa
manière à elle de pratiquer et de faire pratiquer la morale évangélique.

Les conférences de Saint Vincent de Paul
sauveront la France !... Mais, voyez ce vice-
président qu'on vient de traduire en correc-
tionnelle pour avoir vendu à ses clients des
marchandises frelatées. C'est sa manière à

lui de comprendre et de pratiquer la fraternité chrétienne.

Les Cercles catholiques sauveront la France! Mais, voyez ce groupe de jeunes gens qui, au sortir de la réunion, après avoir fait la prière du soir, courent passer le reste de la nuit dans une maison mal famée. C'est leur manière à eux, de travailler au relèvement de la patrie!

Est-ce à dire que toutes ces Œuvres soient inutiles? Non pas, certes, car elles servent à ramener à Dieu et à maintenir dans le devoir certaines âmes de bonne foi; mais, quant à convertir les masses, il n'y faut pas songer, c'est *impossible.*

(HEBR. VI, 4). *Impossibile est enim eos qui semel sunt illuminati, gustaverunt etiam donum cœleste et participes facti sunt Spiritus Sancti, gustaverunt nihilominus bonum Dei verbum, virtutesque sæculi venturi; — Et prolapsi sunt; — rursum renovari ad pœnitentiam, rursum crucifigentes sibimetipsis Filium Dei et ostentui habentes.*

Il est impossible que ceux qui ont été une fois baptisés, et par le baptême éclairés de la Foi; qui ont goûté le don céleste de la Sainte Eucharistie, qui ont été rendus participants du Saint-Esprit par la Confirmation, et qui par ce même Esprit-Saint, ont goûté la douceur spirituelle de la grâce de Dieu, et dans cette douceur ont eu un avant-goût du bonheur du siècle futur; — et, ensuite, par un mépris de tous ces dons, *sont tombés dans l'infidélité par l'apostasie* ; il est, dis-je, *impossible qu'ils soient renouvelés par la Pénitence,* puisqu'ils ont publiquement renouvelé en eux-mêmes le crucifiement du Fils de Dieu. »

Or, incontestablement aujourd'hui, la masse du peuple français, baptisée, confirmée, communiée, catéchisée... a roulé dans l'infidélité par l'apostasie ; il n'y a plus de Foi, même parmi nombre de ceux qui pratiquent, je l'ai démontré. Il est donc impossible que ces masses soient renouvelées par la Pénitence, et cela d'autant plus que la manière dont quelques-uns pratiquent la religion, la rend pour les impies un objet de risée, *ostentui habentes.*

Je sais bien qu'il ne s'agit pas ici d'une impossibilité physique et absolue ; mais bien d'une très grande difficulté, d'une *impossibilité morale* qui dépasse les forces ordinaires de l'être, *adunaton,* comme dit le texte grec. Mais, comme ce qui est moralement impossible ne saurait jamais se réaliser que dans un très petit nombre, nous pouvons conclure que la *masse* du peuple français, tombée dans le crime d'*apostasie,* est *inconvertissable. Impossibile est eos qui semel sunt illuminati... et prolapsi sunt... rursum renovari ad pœnitentiam.* Encore une fois, il est impossible que ceux qui ont été illuminés de la Foi par le baptême et sont tombés dans l'infidélité par l'apostasie, soient renouvelés par la pénitence.

C'est donc bien le cas d'appliquer à tous ceux qui arrivent avec leur *spécifique* pour la restauration chrétienne et sociale du pays, les paroles du prophète Jérémie : *Prophetæ tui viderunt tibi falsa et stulta, nec aperiebant iniquitatem tuam, ut te ad pœnitentiam provocarent : viderunt autem tibi assumptiones falsas et ejectiones* (THREN., II, 14.) « O France ! tes prophètes ont eu des visions fausses et extravagantes ; ils n'ont pas osé te montrer toute l'étendue de ton iniquité pour t'exciter à la pénitence ; ils te prédisaient de faux triomphes et de fausses revanches. » Cette association, cette confrérie, cette dévotion, cette fraternité qui doit sauver la France, voilà les visions fausses et extravagantes : *Viderunt tibi falsa et stulta.* Cette manière habituelle et nécessaire des prédicateurs contemporains de vanter toujours la vertu et la piété de leur auditoire, alors que la majorité de leurs auditeurs ne croit à rien et possède les vertus que nous savons ; c'est bien là ne pas découvrir l'iniquité pour n'avoir pas à prononcer des paroles sévères : *Nec aperiebant iniquitatem tuam ut te ad pœnitentiam provocarent.* Enfin, ces affirmations si souvent répétées d'un triomphe prochain et certain pour la religion et pour la patrie ; voilà bien les fausses victoires : *viderunt tibi assumptiones falsas et ejectiones.*

On me dira peut-être que la morale évangélique n'a jamais été pleinement observée. Mais au moins on l'admettait en principe, on se reconnaissait coupable quand on la violait ; tandis qu'aujourd'hui ce n'est plus cela : on en prend ce qu'on veut et on viole le reste sans remords. Qu'on m'indique un moyen, dévotion, fraternité, confrérie, association, peu importe, de faire que les masses croient tout ce que l'Eglise enseigne et se tiennent pour obligées à faire tout ce qu'elle ordonne, et je croirai à son efficacité. En dehors de là, qu'on fasse tout ce qu'on voudra ; qu'on se surcharge de réunions, de prières, même de communions, tout cela ne servira de rien. Sans la Foi, il est impossible de plaire à Dieu. *Sine fide impossibile est placere Deo.* Encore un coup, ce ne sont que de vains *simulacres*.

Faut-il donc abandonner les œuvres inutiles ? Nullement, car si toutes, sans exception, sont impuissantes pour ramener l'esprit chrétien dans l'ensemble de ceux qui y donnent leur nom, elles peuvent cependant être utiles à quelques âmes sincères. Et, ne contribueraient-elles qu'à sauver une âme dans une paroisse, dans un diocèse, dans la France entière, ce serait une raison plus que suffisante pour s'en servir.

Mais si les œuvres ne peuvent rien pour ramener les masses à Jésus-Christ, la France est-elle donc irrémédiablement perdue ? Je le crois.

LIVRE III

FIN D'UN MONDE

SOMMAIRE. — Coup d'œil historique. Signes certains d'une prochaine conflagration universelle. — Broiement des peuples. Les nations vaincues fournissant des Apôtres aux vainqueurs. Fin du schisme, de l'hérésie. De l'infidélité. La religion de Jésus-Christ devenant *socialement* catholique. — Avant le triomphe universel, l'apostasie générale et les châtiments exemplaires. Guerre épouvantable, Français, Allemands, Russes, Tartares. Immense confusion des peuples. Incendies, dévastations, ruine universelle. Fin de la civilisation sans Dieu.

Je pose à nouveau la question :

La France est-elle irrémédiablement perdue ? Et je réponds encore : Je le crois.

Je sais bien qu'aujourd'hui, pour se donner du courage et pour inspirer parfois aux autres une conviction qu'on n'a pas, on répète à satiété cette parole de nos saints Livres, que Dieu a fait les nations guérissables : *Sanabiles gentes fecit Dominus ;* et j'admets volontiers que rien n'est impossible à la toute-puissance divine. Toutefois, je ferai remarquer qu'il ne s'agit pas de ce qui est possible, mais de ce qui est probable dans l'ordre habituel de la Providence.

En comparant le présent avec le passé, il semble que les peuples apostats sont tous condamnés à périr comme peuples, et que Dieu tire de leur sein les apôtres destinés à convertir leurs vainqueurs. Les Juifs déicides sont broyés par Titus, et ce sont des Juifs apôtres qui convertissent les Romains. Les Romains trop pervertis pour recevoir une conversion solide et durable, sont rejetés, et de leur sein Dieu tire les apôtres qui convertissent les barbares envahisseurs.

Le monde chrétien du Moyen Age apostasie peu à peu : c'est Philippe-le-Bel qui donne le signal. La Réforme continue : et c'est encore la France qui fait consommer la scission, par le traité de Westphalie au point de vue international en faisant entrer la Prusse protestante dans le concert des nations ; au point de vue social par sa fameuse déclaration des *Droits de l'homme* et ses fameux principes de 89. Enfin, elle vient de consommer son apostasie au point de vue individuel, puisque, comme nous venons de le voir, les masses ne croient plus.

Plus coupable que les autres, elle sera plus sévèrement punie. Son sol sera successivement foulé aux pieds par le Prussien hérétique, le Cosaque schismatique, en attendant le bouddhiste chinois. Au sein de ces multiples catastrophes, au milieu de cette confusion universelle, de ce broyement des peuples, se trouvera-t-il, comme au ve siècle, des âmes héroïques, des Martin, des Remy, des Clotilde, pour convertir ces nouveaux barbares? J'ose l'espérer, et de ces ruines ensanglantées sortiront des peuples nouveaux, purifiés dans un déluge de sang : se rangeant tous sous la houlette de Pierre, et vérifiant au pied de la lettre la parole du Sauveur : « Il n'y aura plus qu'un troupeau et qu'un pasteur. *Et erit unum ovile et unus pastor.* »

Ce n'est pas dans l'ordre qu'on naisse deux fois à la vie de la grâce pas plus qu'à la vie naturelle : encore une fois, *impossibile est,* c'est impossible. Mais, dans ces peuples apostats, Dieu se choisira, il s'est déjà choisi, des âmes d'élite destinées à convertir les barbares qui s'avancent.

Des esprits à courte vue, qui ne prennent jamais la peine de réfléchir, hausseront les épaules et se moqueront de ces craintes réputées chimériques ; des patriotes chauvins se révolteront à la seule pensée que la France puisse périr et me traiteront d'anti-Français. C'est ainsi qu'ont fait tous les peuples : ils ne se sont jamais cru perdus que lorsque la ruine a été consommée sans retour, et ils ont toujours traité ceux qui prévoyaient leurs malheurs de traîtres et de vendus.

Il est cependant certain que, depuis cent ans, Dieu fait tout converger vers ce but, la fusion universelle des peuples. D'abord, c'est l'impôt du sang allant toujours progressivement jusqu'à l'armement de tous les hommes valides : ce sont les chemins de fer permettant les transports rapides et l'approvisionnement des masses innombrables : ce sont les moyens de communication, télégraphe, téléphone, etc., permettant à un chef de supprimer les distances pour donner ses ordres : c'est, pour ce qui regarde la France, Napoléon Ier broyant l'Europe sous sa botte corse et accumulant contre nous des haines immortelles. La crise est fatale ; il faut qu'elle arrive. La nation apostate doit périr. Pour un seul acte de révolte commis sous Philippe-le-Bel, elle a dû subir une agonie de cent ans, et n'a dû son salut qu'à l'intervention divine qui lui envoya Jeanne d'Arc, la vierge de Lorraine. Aujourd'hui, elle est mille fois plus coupable qu'alors. Socialement et individuellement, elle a commis un déicide pareil à celui du Golgotha. Dieu se doit à lui-même de ne pas faire un miracle pour la sauver. La nation apostate doit périr !

Périra-t-elle de la main de la Prusse qu'elle a mise au monde, ou du Cosaque auquel elle fait des caresses, ou du Chinois qu'elle regarde comme une quantité négligeable ? Je ne suis ni prophète, ni fils de prophète, et par conséquent, d'une manière certaine, je n'en sais rien. Je pense cependant qu'elle deviendra d'abord prussienne, puis cosaque, puis chinoise. Le Prussien hérétique détruira la France apostate ; le Russe schismatique détruira le Prussien hérétique, et le fils de Timour subjuguera, à son tour, la schismatique Russie. Le schisme et l'hérésie, comme autrefois l'Arianisme, disparaîtront au sein de la défaite, et, comme au v° siècle, les restes des vaincus convertiront et civiliseront les vainqueurs.

Notre but doit être donc, non pas de sauver une patrie qui s'abîme et que rien ne saurait ramener à Dieu, mais de préparer des apôtres à nos futurs vainqueurs.

S'il n'y avait pas, en effet, un renouveau de catholicisme, la terre, ne servant plus à peupler le ciel, deviendrait inutile, et ce serait l'heure des catastrophes finales, ce que je ne crois, car j'estime que la religion de Jésus-Christ doit être un jour catholique de fait, non seulement répandue chez tous les peuples, mais *embrassée par tous les peuples.*

Mais, auparavant, doit avoir lieu l'apostasie générale des peuples chrétiens. Et nous y sommes, car nous n'avons plus aucun peuple qui, comme tel, reconnaisse la Foi romaine, sauf l'Equateur. L'apostasie étant consommée, c'est le signal des grandes luttes, et les peuples le sentent si bien qu'ils se pré-

parent fiévreusement à cette lutte suprême.
L'Allemagne et la France, l'Autriche et la
Russie, l'Angleterre à côté, se regardent
l'arme au bras, désirant toutes que l'adversaire commence, mais aucune n'osant commencer. Dieu se réserve de donner le signal
par un incident que personne n'aura prévu.
Et aussitôt, comme une traînée de poudre,
se répandra dans l'Europe en feu, le désordre, la confusion, le carnage, les épidémies,
la faim.

Simultanément, on entendra les chants de
la victoire et les pleurs de la défaite. On
verra les Prussiens à Paris, les Russes à
Berlin, les Autrichiens à Varsovie, les Français à Turin. Bref, tout le monde sera vaincu,
tout le monde sera vainqueur jusqu'à ce
qu'enfin, après des hauts et des bas qui,
comme l'a dit M. de Moltke au Reichtag de
Berlin, pourraient durer plus de trente ans,
le Slave l'emporte de par la loi du nombre et
étend le règne du knout sur l'Europe entière.

Les vaincus se fatigueront bien vite d'un
régime auquel ils ne sont pas habitués, et ils
appelleront le tzar jaune à leur secours.
Celui-ci, qui déjà se recueille et se prépare,
inondera la Russie de ses millions de soldats, et règnera à son tour, toujours de par
le droit du nombre.

Mais les malheureux qui l'auront appelé
n'en seront pas plus heureux ; car le rotin
remplacera le knout. Et pour enlever aux

vaincus jusqu'à la possibilité d'une rébellion, tous les hommes valides qui n'auront pas succombé dans les combats, prisonniers de guerre, seront dispersés aux quatre coins de l'immense empire du Milieu d'où ils ne reviendront jamais. Dans nos villes incendiées et dans nos campagnes dévastées, il ne restera plus que des vieillards, des femmes et des enfants avec des garnisons tartares pour les garder.

C'est la fin réservée à cette brillante civilisation dont nous sommes si fiers. Elle a voulu se passer de Dieu; dans son exposition universelle de 1889, qui a été son apothéose, elle a voulu *supprimer Dieu; Dieu se vengera par la peine du talion, en la supprimant.*

Puissent les hommes dans leur malheur, au lieu de blasphémer et de maudire, reconnaître leurs fautes, en se frappant la poitrine; puisse la perte des biens temporels leur faire acquérir les biens éternels!

DEUXIÈME PARTIE

Fin de l'autorité, fin de l'ordre, fin d'un monde

AVANT-PROPOS

Nous venons de voir que la fin de la religion est l'indice certain d'un monde qui finit. Il est un autre signe qui annonce aussi la fin d'un monde, c'est la fin de l'*autorité*.

L'autorité, en effet, est au corps social ce que l'âme est au corps humain : c'est le principe de l'unité reliant les parties l'une à l'autre, y maintenant la cohésion et la vie. Sans l'autorité, le corps social n'est plus qu'un cadavre où peut bien rester quelque temps une simple juxtaposition de molécules humaines, mais où la vie ne se trouve plus. Par suite, le cadavre entre vite en décomposition, la décomposition amène le désordre, le désordre amène la fin.

LIVRE PREMIER

FIN DE L'AUTORITÉ

Sommaire. — Théorie de l'autorité d'après les immortels principes et le *Contrat social.* L'obéissance se bornant au respect extérieur de la force. Despotisme légal. Théorie de la loi, d'après le *Journal des Débats.* Théorie chrétienne du pouvoir oblitérée, même dans le clergé. Les choix du gouvernement pour les cures et les évêchés. Droits du plus fort. Théorie de *faits accomplis.*

Les fameux principes de 89 qui ont consommé l'apostasie de la nation, ont aussi achevé la ruine de l'autorité.

Pour le bien comprendre, rappelons, en deux mots, que l'autorité consiste essentiellement dans la faculté d'obliger, de lier les consciences, faculté dont les pouvoirs coercitifs et judiciaires ne sont que les conséquences.

Or, d'après les *Immortels principes,* qui n'ont fait que suivre les errements de J.-J. Rousseau dans son *Contrat social,* la Loi n'est plus que *l'expression de la volonté générale,* c'est-à-dire *la loi du nombre; c'est le peuple souverain n'obéissant qu'à lui-même par le moyen du suffrage universel.*

Et pour mieux faire toucher du doigt les théories du suffrage universel, tel qu'il est pratiqué de nos jours, supposons cent citoyens. De par le *Contrat social* de Jean-Jacques, tous et chacun abandonnent *tous leurs droits* qui, toujours d'après Rousseau, doivent être *égaux*. Ces droits réunis ensemble constituent cent droits individuels qu'on divise en cent parties égales, en en donnant une à chacun des cent citoyens par le *droit de suffrage*. Et alors, chaque citoyen, par son droit de vote, seul droit qui lui reste, ne reçoit plus, il est vrai, que un centième des droits qu'il a cédés; mais il reçoit aussi un centième des droits de chacun de ses quatre-vingt-dix-neuf concitoyens, ce qui fait quatre-vingt-dix-neuf centièmes, et avec son centième, cent centièmes, c'est-à-dire l'unité, c'est-à-dire, l'équivalent de ce qu'il a donné. Mais pour cela, il faut que chaque individu cède absolument tous ses droits à la communauté pour ne recevoir en échange que le simple droit de vote.

L'individu, cédant tous ses droits, devient par le fait, la *chose* de la communauté, ou pour parler plus exactement, de la majorité, du nombre. Et, par suite, l'expression de la volonté générale, la *légalité*, remplace le Dieu de nos pères. « Car, ne l'oublions pas, dans le système philosophique des Constituants de 1789, tout part de l'homme et revient à l'homme, sans aucun égard à une loi divine quelconque. La nature et la raison humaine sont l'unique source et la seule mesure du pouvoir, du droit et de la justice. C'est par suite et en vertu d'un contrat d'intérêts que les hommes se réunissent en société, font des lois, s'obligent envers eux-mêmes, sans chercher au dehors ni au-dessus d'eux le principe de l'autorité et le lien de l'obligation. Plus de droit divin d'aucune sorte, la justice est humaine, toute humaine, rien qu'humaine. Peu importe qu'on laisse le nom de l'*Etre suprême* au frontispice de l'œuvre comme un décor ou un trompe-l'œil; en réalité, l'homme a pris la place de Dieu.» (Mgr FREPPEL, *Révol. franç.*, p. 26.)

Par conséquent, ces cent souverains dont chacun possède un centième de la souveraineté, constituent la source de tout droit et de tout devoir. Et comme les votes contraires, semblables à des forces opposées, se détruisent, il s'ensuit qu'il ne reste plus comme unique origine du droit et du devoir que le vote du plus grand nombre, c'est-à-dire de la majorité. Or, la loi du nombre, c'est, en somme, le *droit du plus fort*.

Aussi on ne reconnaît plus aujourd'hui, à l'autorité, au moins pratiquement, la faculté d'obliger au for intérieur, c'est-à-dire, en conscience ; elle oblige simplement à un respect extérieur, et ce respect ne dure qu'autant que dure une force matérielle capable d'exiger l'obéissance. Or, quand un peuple ne se croit pas autrement obligé à l'obéissance, la révolte ou révolution y est à l'ordre du jour; quand la révolution est à l'ordre du jour, c'est la fin de l'ordre, et la fin de l'ordre, c'est la fin d'une nation.

Cette théorie révolutionnaire de la souveraineté du peuple engendre aussi un despotisme sans nom. Chaque citoyen, en effet, perdant tous ses droits, devient la *chose* de la majorité et il n'a pas même le droit d'examiner si ce que cette majorité commande est juste ou injuste, puisque c'est elle-même qui fait le juste et l'injuste. Il suit de là que s'il plaisait à cette majorité de confisquer vos biens et de vous envoyer à l'échafaud, uniquement parce que vous lui déplaisez, vous n'auriez pas même, au point de vue légal, la ressource de la protestation; et tous ceux qui protesteraient contre une telle iniquité mériteraient le traitement des révoltés.

C'est, au reste, ce que nous voyons faire tous les jours. Quand nos gouvernants veulent commettre une injustice, ils fabriquent une loi, quelquefois même un simple décret, et tout est dit. L'injustice n'est plus injuste du moment qu'elle est autorisée par une loi, qu'elle est *légale*.

Et, après cent ans d'exercice, ce préjugé a tellement passé dans nos mœurs qu'on ne pourrait jamais faire croire à un honnête homme qu'il est juste de désobéir à une loi qui ne l'est pas.

La *loi militaire,* astreignant les étudiants ecclésiastiques à la caserne, viole l'immunité des clercs. Les chrétiens les meilleurs vous diront que cela est bien malheureux, que beaucoup de vocations feront, par suite, un triste naufrage, etc., etc... Mais, si vous leur dites qu'une telle loi n'oblige pas, qu'on peut lui désobéir en conscience : aussitôt vous passez à leurs yeux pour le pire des révolutionnaires.

Ainsi s'explique ce tolle général qui a accueilli les paroles du Souverain Pontife, lorsqu'il a déclaré dans une de ses dernières Encycliques, qu'en face d'une loi civile évidemment injuste et prescrivant le mal, le chrétien est tenu à la désobéissance, en vertu du principe « qu'il faut obéir à Dieu plutôt qu'aux hommes. *Obedire oportet Deo magis quam hominibus.* » (ACT. V, 29.) On a jeté les hauts cris, et le grave *Journal des Débats* a prétendu « qu'accorder ainsi aux sujets la faculté d'examiner si les lois sont justes ou ne le sont pas, c'est saper le pouvoir par sa base. » Ce libéral-là ne fait pas attention que la prétention contraire réduit l'homme à l'état de simple machine, de pur automate.

La théorie chrétienne du pouvoir est bien autrement consolante. Pour nous, en effet, toute puissance vient de Dieu. *Non est potestas nisi a Deo* (ROM., XIII, 1); les différents pouvoirs ne sont que ses délégués dans les différentes sphères où ils s'exercent, et, par conséquent, tous commandent de *droit divin*. Et leurs commandements doivent avoir pour but, non le bien propre de celui qui commande, mais le bien de tous et de chacun de ceux qui sont commandés; conformes, en cela, au gouvernement de Dieu qui cherche non sa perfection propre, mais la perfection de ce qui est gouverné. Et si le dépositaire du pouvoir, infidèle à sa mission, ordonne des choses qui ne soient pas conformes au bien général, il dépasse les limites de son mandat, le *pouvoir divin* devient, en cela, *pouvoir humain,* et, par conséquent, ne saurait lier les consciences qui ne peuvent être liées que par Dieu.

De par la loi chrétienne, tous les hommes sont égaux, tous les hommes sont frères : nous n'admettons aucune supériorité, pas même celle du nombre, nous ne reconnaissons qu'un seul Seigneur et Maître, Jésus-Christ, et nous n'admettons parmi les hommes d'autres pouvoirs que ceux qui font l'office d'un miroir fidèle, nous renvoyant fidèlement un rayon de la divine autorité.

Nous admettons l'autorité paternelle, mais non certes jusqu'à prétendre que le père puisse empêcher son fils de remplir ses devoirs religieux, d'obéir à Dieu qui l'appelle; parce que, dans ce cas, le père cesse d'être

le fidèle miroir de l'autorité divine et, par
conséquent, n'est plus autorité.

Nous admettons l'autorité civile, mais non
jusqu'à prétendre que ses dépositaires puissent imposer ou même simplement autoriser
l'impiété, le blasphème, le parjure, l'homicide, l'inconduite ou le vol, sous quelque
forme qu'il se présente ou de quelque nom
qu'on le décore ; parce que, dans ce cas, l'autorité civile cesse d'être le fidèle reflet du
décalogue divin.

Nous admettons l'autorité religieuse ; mais
non certes jusqu'à prétendre que ses représentants puissent autoriser l'injustice ou
l'immoralité, et tout le respect que nous devons au caractère épiscopal ne nous empê-
cherait pas de considérer un nouveau Pierre
Cauchon comme un monstre digne d'être
traîné aux gémonies.

Dans les dépositaires du pouvoir, nous
savons distinguer le divin rayon qui reste toujours immaculé, à qui seul nous devons respect
et obéissance, et le miroir plus ou moins parfait
qui *réfléchit* plus ou moins bien, et que nous
avons le droit de priser à sa juste valeur.

Malheureusement, aujourd'hui, même dans
le clergé qui cependant devrait être le sel de
la terre, on ne sait plus distinguer ces deux
choses ; et tout acte *charitable* tendant à
mettre le miroir à même de réfléchir plus
fidèlement le divin rayon, est généralement
regardé comme un acte de révolte.

Depuis l'avènement des républicains au pouvoir, le gouvernement *cherche* à recruter l'épiscopat français parmi les prêtres qui lui plaisent pour une raison ou pour une autre. On dit même que souvent, pour accorder la mître, il voudrait exiger des gages, et c'est ce qui expliquerait bien des choses. Les curés de première et de seconde classes sont aussi triés sur le volet par l'une et l'autre administration. Le bas clergé, faute de stimulant, néglige les fortes études ; les ambitieux font du servilisme ; beaucoup, pour ne pas dire à peu près tous, s'adonnent à la paresse... *Et multam malitian docuit otiositas!!!*

Je n'en dis pas davantage. Il est utile, en effet, que le clergé sache qu'il est connu afin que les bons deviennent meilleurs, que les tièdes deviennent fervents et que les mauvais, s'ils ne se corrigent, tremblent au moins et n'aient pas la ressource de chercher dans l'habit qu'ils portent le paravent de leur hypocrite vertu.

On dit que le peuple ne supporte plus la vérité. Mais le clergé la supporte-t-il mieux?

La suppression du droit canon a tué le clergé français ; et c'est un miracle qu'il soit encore ce qu'il est.

Grâce, en effet, à cette suppression pratique du droit canon, les évêques en France, depuis 1801, sauf les Organiques, n'ont d'autre règle que leur bon plaisir, animé par leurs bonnes intentions, au moins pour le

grand nombre. Grâce à la suppression du
concours, les cures et les postes les plus im-
portants sont donnés, non pas toujours aux
plus dignes qu'on ne connaît pas, mais passent aux plus serviles et aux plus flatteurs
qui sont toujours là. Certains évêques même,
dit-on, sont de petits despotes, d'autant plus
arrogants vis-à-vis de leurs subordonnés,
qu'ils sont tenus à se faire plus humbles vis-
à-vis du pouvoir civil.

Ces choses sautent tellement aux yeux que
tout le monde les pense. Et cependant, si un
prêtre, même un laïque bon chrétien, (car
un mécréant recevrait des compliments pour
n'en avoir pas dit davantage), s'avisait de
dire et surtout d'écrire de pareilles vérités,
son évêque serait capable de le frapper d'interdit ou d'excommunication : et tout le cortège des *bonnes âmes*, après avoir crié au
scandale, applaudirait des deux mains à la
vigueur de l'acte épiscopal.

Sans doute, je sais qu'il faut toujours respecter les représentants de l'autorité, même
lorsqu'ils s'égarent, car il est écrit : *Principem
populi tui non maledices* (ACT. XXIII, 5).
« *Vous ne maudirez point le prince de votre
peuple;* » je sais qu'il ne faut pas aller fouil-
ler la vie et les actes de nos supérieurs pour
le plaisir de les trouver en faute et de leur
faire perdre tout prestige aux yeux de leurs
subordonnés. Mais je sais aussi que, quand
le loup dévaste la bergerie, c'est charité de

crier au loup, voire où qu'il soit, tiendrait-il
même la houlette du berger.

Certes, les prophètes de l'Ancien Testament n'épargnaient ni les prêtres ni les rois;
et même dans le Nouveau Testament, dans
l'Eglise, ce sont presque toujours des infé-
rieurs qui ont dénoncé les hérésies, les
crimes de leurs supérieurs.

Quand un supérieur trahit son devoir,
c'est un général qui passe à l'ennemi, et tout
soldat qui le suit participe à sa trahison. Je
sais bien que, dans le doute, la présomption
doit toujours être en faveur du supérieur.
Mais, quand le doute n'est plus possible,
quand il devient *évident* que le supérieur
conduit aux abîmes, c'est un devoir *rigoureux*, non seulement de ne pas le suivre,
mais encore de crier gare, et ce devoir incombe au premier qui s'en aperçoit.

Mais aujourd'hui, on ne sait plus obéir
sans être servile, on ne sait plus résister sans
faire acte de révolte. On obéit uniquement
parce qu'on se croit le plus faible; on résiste
parce qu'on se croit le plus fort, et l'on a
pour but, non pas de corriger, mais de renverser celui qui détient le pouvoir.

Si, en effet, le principe de l'obligation, c'est
le nombre ou la force, ce qui est tout un, il
est incontestable que *le droit c'est la force*
et que *la force c'est le droit*. D'où cette conclusion, admise aujourd'hui par tout le monde
d'une manière plus ou moins explicite, que

le succès légitime tout. C'est ce qu'on appelle en langage diplomatique, la *théorie des faits accomplis.* Tout le monde s'incline devant *le fait; le droit, c'est le fait,* et *le fait, c'est le droit.* Malgré toutes les apparences d'une civilisation avancée, c'est tout simplement le régime des bêtes fauves dans les steppes de l'Afrique ou de l'Asie.

———————

LIVRE II

FIN DE L'ORDRE

Comme conséquence du nouveau principe que la force prime, ou plutôt remplace, ou plutôt fait le droit, les peuples s'arment tous les jours davantage pour faire peur à leurs voisins et leur faire croire qu'ils sont pour le moins aussi fort qu'eux. Et chacun attend avec impatience le moment où il se croira le plus fort pour commencer l'attaque.

Dans l'intérieur, le gouvernement est à la merci du premier soulèvement, de la première émeute. Depuis cent ans, la France a eu plus de neuf gouvernements différents. Tous ont été introduits par la violence, et tous, après le succès, ont été acclamés par la masse. Pour ne citer que deux faits : le 8 mai 1870, huit millions de Français acclamaient Napoléon III. Quatre mois plus tard, après la capitulation de Sedan, cet homme n'aurait pas trouvé dans toute la France huit mille hommes ayant le courage de crier : « Vive l'empereur ! »

Vers 1887, la plèbe de Paris s'engoua, sans trop savoir pourquoi ni comment, d'un homme qui avait nom le général Boulanger. Tant qu'on le crut un général à poigne, tout le monde fut pour lui, depuis la duchesse d'Uzès, qui lui fournissait des millions, jusqu'au simple garde champêtre qui se faisait révoquer pour avoir dans sa maison l'image enluminée du brave général. Mais lorsqu'on le vit avoir peur de la *Haute Cour* et prendre la fuite sous les jupes d'une femme, alors on s'aperçut qu'il n'était pas fort ; et aussitôt, tous, même ses plus fidèles, l'abandonnèrent. Et le malheureux en a été réduit à se brûler la cervelle sous un prétexte d'amour, pour échapper aux affres de la misère et de la faim.

Quand un peuple en est là, quand il n'a de courage que pour insulter au vaincu, c'est un peuple à la merci du premier Cartouche et du premier Mandrin venu ; c'est un peuple sans lendemain ; c'est un peuple fini ; le désordre et la révolution y sont en permanence. Ce n'est plus un peuple, c'est un troupeau de bêtes, plus ou moins sauvages, qu'on mène au combat, à la boucherie, au charnier !

LIVRE III

FIN D'UN MONDE

SOMMAIRE. — Hécatombes humaines. Pornographie
en action. La femme plus révoltée que l'homme,
plus ignominieusement punie. Le nombre et la
force écrasés par la force et le nombre.

Et quelle boucherie ! et quel charnier,
grand Dieu ! Représentez-vous tous les hommes valides de l'Europe, de dix-huit à quarante-cinq ans, l'arme au bras ; c'est-à-dire, en
chiffres ronds, vingt millions de combattants. A ces millions de l'Europe, ajoutez
les millions de l'Asie, et vous ne serez pas
loin de ces deux cent millions de soldats dont
parle l'Apocalypse (APOC., IX, 16). Ces millions de soldats respireront deux choses qui
vont toujours de pair, le carnage et la volupté.

Comme l'a dit du haut de la tribune le
prince de Bismarck, de part et d'autre, on
voudra saigner à blanc ; de part et d'autre,
on voudra supprimer le plus possible d'adversaires pour rester les plus forts et les plus

nombreux. La guerre de 1870 fut une guerre
de prisonniers; celle-ci sera, au contraire,
une guerre d'hécatombes humaines; on ne
fera plus de quartier, on tuera toujours et le
combat ne cessera que faute de combattants...
Les mourants s'entasseront sur les mourants,
les cadavres sur les cadavres, l'artillerie
fouillera ces montagnes de morts et de mourants, et fera voler en lambeaux leurs membres palpitants... Le canon, le fusil, l'arme
blanche; le fantassin, le cavalier, l'artilleur,
seront employés simultanément et tour à
tour... On se battra dans le sang, et l'on ne s'ar-
rêtera, que lorsqu'il n'y aura plus personne!

Et alors, ivres de sang, les vainqueurs
s'enivreront aussi de volupté, s'amusant à
soumettre, publiquement et en plein soleil,
les veuves et les filles des vaincus à toutes
les ignominies de la débauche la plus raffinée, et se donnant le hideux plaisir d'expé-
rimenter tout ce qu'ils ont lu dans les romans
les plus dévergondés. On ne se contentera
plus, comme au temps de Henri IV d'Allemagne, de se relayer jusqu'à ce qu'on ait fait
expirer les victimes de honte, de lassitude,
de douleur et d'ignominie. (*Annales de Ber-
thold.*) Les exploits du marquis de Sade ne
seront bons tout au plus que pour des débu-
tants. Les autres voudront faire mieux et se
permettront des expériences de vivisection à
la manière de Jack l'éventreur et bien autre
chose encore!!!

Depuis longtemps la femme française ne reconnaît plus la supériorité de l'homme; depuis longtemps l'épouse, même se disant chrétienne, n'admet plus ni en pratique, ni en théorie les paroles de saint Paul (EPH., V, 22, etc.) *Mulieres viris suis subditæ sint sicut Domino. Quoniam vir caput est mulieris sicut Christus caput est Ecclesiæ : ipse salvator corporis ejus. Sed sicut Ecclesia subjecta est Christo, ita et mulieres viris suis in omnibus.* « Que les femmes soient soumises à leurs maris comme à Jésus-Christ même; parce que, comme Jésus-Christ est le chef de l'Eglise et le Sauveur, ainsi le mari est le chef, le conservateur et le protecteur de la femme. C'est pourquoi, comme l'Eglise est soumise à Jésus-Christ, qu'ainsi les femmes soient soumises à leurs maris *en toutes choses.* »

La femme, qui n'a pas voulu s'incliner devant l'autorité légitime sera brutalement courbée par la force; et, plus révoltée que l'homme, elle subira les excès de la force d'une façon plus misérable encore.

Quelques esprits superficiels trouveront peut-être étrange que je proclame la femme plus révoltée que l'homme. Ne dit-on pas de toutes parts que s'il y a encore parmi nous quelques restes de foi et de pratiques religieuses, c'est à la femme que nous le devons?

Qu'on me vante tant qu'on veut la piété de

la femme. Je sais, avec saint Paul, que « sans la Foi, il est impossible de plaire à Dieu : *Sine fide impossibile est placere Deo* (HEBR., XI, 6). Et je sais, et l'on devrait savoir, qu'une femme, je ne dirai pas qui viole, mais qui en principe ne reconnaît pas *sciemment* une obligation clairement exprimée dans la Sainte Ecriture, est une femme qui a perdu la Foi, ferait-elle sa communion tous les jours.

On ne peut pas m'objecter la bonne foi de la femme : c'est une bonne foi qui *sciemment* ne veut pas être éclairée et qui, par conséquent, doit s'appeler *aveuglement*.

Je dis donc que la femme est plus révoltée que l'homme ; car, si l'homme est révolté contre Dieu, contre l'autorité religieuse et l'autorité civile, la femme est en plus révoltée contre l'homme.

En outre, sa révolte est plus universelle que celle de l'homme. Car enfin, il y a encore quelques hommes qui reconnaissent l'autorité tant religieuse que civile. Mais sur mille femmes prises même parmi celles qui se disent chrétiennes et fréquentent les sacrements, c'est à peine si vous en trouverez une qui reconnaisse à son époux le droit de lui commander *en toutes choses, in omnibus*, et regarde l'obéissance comme un devoir. Les autres prétendent n'obéir que si cela leur plaît, et, si parfois elles sont obligées de céder à la force, elles crient à la tyrannie.

Bien souvent, hélas! dans la famille, c'est

la femme qui commande et l'homme qui
obéit ou du moins qui se *désintéresse*. Elle
porte culottes, comme on dit. Et il m'a été
donné d'entendre des prêtres zélés dire que
les choses n'allaient pas pour cela plus mal !
Cela va toujours mal quand les rôles sont
changés. L'Eglise n'a jamais commandé à
Jésus-Christ.

La femme peut, sans doute, et même doit
donner des conseils à son époux sur tout ce
qui intéresse le bien de la famille... Mais ces
conseils ne doivent jamais revêtir le caractère d'un ordre *impératif*.

Hélas ! nous n'avons plus aujourd'hui de
ces femmes vraiment chrétiennes, qui, *sem-*
blables à l'Eglise, trouvent le bonheur dans
l'obéissance et cherchent le salut dans la fé-
condité. Toutes veulent porter culottes, et la
plupart y réussissent pour leur malheur ?

Hélas ! ces culottes seront mises en lambeaux et on ne leur laissera pas même un petit jupon pour protéger leur pudeur. *Decal-*
vabit Dominus vertices filiarum Sion, et
Dominus crines (nates) earum nudabit.
(Is., III, 12.) La mère et la fille expireront,
l'une à côté de l'autre, après une lente agonie, dans le sang et l'ordure !

Un jour que je soulevais un léger voile de
ce triste avenir devant une de ces femmes
indépendantes, comme on n'en trouve pas
d'autres, elle me répondit qu'elle se tuerait
plutôt que de supporter ces horreurs.

Hélas! la vie est une chose qu'on méprise quand il n'y a rien à craindre; mais, lorsqu'on se voit menacé de la perdre, on s'y cramponne de toute la force de son être. Et telle femme qui se serait empoisonnée si son mari avait contredit le moindre de ses caprices, se prêtera volontiers, quoique inutilement, pour éviter la mort, à toutes les fantaisies lubriques des bourreaux de son époux!

Et c'est ainsi que le règne de la force, après avoir tout anéanti, ne laissera derrière lui qu'un immense cloaque de sang et d'impureté.

Ces catastrophes se renouvelleront-elles plusieurs fois? je le crois. Je crois que successivement le Prussien, le Slave et, en dernier lieu, le Chinois promèneront dans nos villes et nos campagnes, le carnage, l'incendie et le viol!

Nous avons voulu remplacer le règne de la justice et du droit par celui du nombre et de la force; la force et le nombre nous écraseront; nous l'aurons bien mérité!!!

TROISIÈME PARTIE

Fin de la famille, fin de l'être, fin d'un monde

AVANT-PROPOS

SOMMAIRE. — Nécessité évidente de la famille pour la durée du corps social. Trois choses lui sont nécessaires, *l'unité*, *la perpétuité*, *la fécondité*.

Comme nous l'avons indiqué au commencement de ce travail, toute société pour vivre et pour durer a besoin de trois choses : de la religion, de l'autorité, et de la famille ; de la religion pour avoir l'ordre moral, de l'autorité pour maintenir l'ordre matériel, de la famille pour remplacer avec usure les individualités qui disparaissent.

Or, nous avons vu qu'en France, la religion est finie ; que la fin de la religion, c'est la fin de la morale, et que la fin de la morale, c'est la fin d'un peuple. Nous avons constaté également qu'en France l'autorité est finie et que la fin de l'autorité, c'est la fin de l'ordre, c'est le règne exclusif de la force brutale, c'est le carnage et la débauche avec toutes leurs horreurs.

Nous avons donc déjà deux signes incontestables indiquant que le monde au milieu duquel nous vivons est un monde, non pas qui va finir, mais un monde fini.

Voyons maintenant si, en examinant la famille telle que notre siècle l'a faite, nous arriverons aux mêmes conclusions.

D'abord, il est évident que la famille est nécessaire à la perpétuité d'une société ; sans elle le monde disparaîtrait dans une seule génération.

Or, pour que la famille puisse renouveler d'une façon satisfaisante l'espèce humaine, il lui faut trois choses : l'*unité*, la *perpétuité* et, par-dessus tout, la *fécondité*.

Je ne prendrai pas ici la peine de réfuter la théorie des unions libres et passagères tant prônées par le juif bossu qui s'appelle Naquet, et dont selon lui, la loi du divorce n'est pour ainsi dire, que comme une espèce de préparation. Tout le monde comprend que la femme et l'enfant ont des droits sur celui qui d'une femme a fait une mère ; qu'il faut, par conséquent, et la certitude de la paternité, et la perpétuité de l'union entre l'homme et la femme, pour que le père et la mère puissent remplir tous leurs devoirs vis-à-vis de leurs enfants.

Inutile d'ajouter que la fécondité est encore plus essentielle à la famille que l'unité et la perpétuité. C'est là sa fin principale, c'est là aussi la principale et, dans une certaine mesure, l'unique raison d'être de la femme, qui, comme l'écrivait Joseph de Maistre à sa fille, n'a qu'un « emploi pour lequel l'homme ne puisse avantageusement la remplacer, *celui de faire des hommes.* »

Or, aujourd'hui, en France, l'unité et la perpétuité sont très rares, la fécondité n'existe plus.

LIVRE PREMIER

FIN DE L'UNITÉ

Sommaire. — L'unité matrimoniale caractérisée par saint Paul (1 Cor., vi), remplacée aujourd'hui par un certain droit de préférence et de plus grande facilité. — Le mariage, fiction légale. Un mot dit à la Chambre des députés. Longchamps, règne de la prostitution. Prodrome des unions libres.

L'unité matrimoniale a été parfaitement caractérisée par saint Paul, lorsqu'il écrit dans son épître aux Corinthiens (I Cor., VII, 2, etc.). *Unusquisque suam uxorem habeat et unaquaque suum virum. Uxori vir debitum reddat; similiter et uxor viro. Mulier sui corporis potestatem non habet sed homo. Nolite fraudare invicem.* Que chaque homme se contente de son épouse et chaque femme de son mari. Que l'homme rende le devoir à la femme et la femme à l'époux. Le corps de l'épouse n'appartient plus à elle, mais à l'époux. Ne vous fraudez pas l'un l'autre.

Or, il est certain qu'aujourd'hui, la plupart des hommes et des femmes, loin de se livrer d'une manière absolue et totale, comme parle saint Paul, prétendent ne se donner mutuellement qu'un certain droit de préférence et de plus grande facilité, mais non certes un droit *exclusif*. Il est entendu, au moins implicitement, que chacun se réserve la faculté d'accorder partiellement ses faveurs à qui bon lui semblera. Le mariage n'est guère plus qu'une union purement légale servant de paravent et de protecteur à toutes les unions libres.

Et là-dessus, que les naïfs, se faisant illusion, ne se permettent pas de crier à l'exagération. En pleine Chambre française, lorsqu'on discutait la loi sur le divorce, un député a osé dire, pour réfuter l'objection tirée des droits et des devoirs de la paternité, *que la paternité était toujours douteuse et que le mariage ne pouvait constituer qu'une paternité purement légale.*

Or, quand on peut dire dans un pays que nul homme ne peut être sûr de sa paternité, c'est dire que toutes les femmes sont des *drôlesses* et que l'unité conjugale n'est qu'une pure fiction légale. Et cependant, ces paroles n'ont pas soulevé de trop vives protestations. Et la raison, c'est que, malheureusement, c'est la vérité.

Aujourd'hui, en effet, les hommes qui se contentent de leur femme légitime sont très rares, et les épouses qui ne donnent jamais de coups de canif au contrat conjugal sont presque aussi rares. Cette manière de faire tend de plus en plus à passer dans les mœurs. Il est entendu que les époux se prêteront à une réciproque tolérance, à la seule condition que la famille n'en soit pas augmentée. On entoure tout cela d'un certain vernis qui trompe un œil peu exercé. Mais il est certain que sur cent hommes et sur cent femmes pris au hasard, on en trouverait à peine dix qui n'aient jamais violé le contrat conjugal. Les hommes et les femmes réputés les meilleurs sont quelquefois les plus coupables. La véritable unité matrimoniale n'existe plus en fait, il n'en reste que de vaines apparences : en réalité, nous sommes sous le régime des unions libres, et, en attendant que ces unions revêtent un caractère légal, de fait, nous vivons sous le *règne de la prostitution*.

Voici comment deux journaux qui se respectent rendent compte des courses de Longchamps en 1890.

« Un spectacle inoubliable, charmant, dit le *Petit Moniteur*, que cette enceinte du pesage où la *duchesse rivalise d'élégance avec l'horizontale de haute marque, où le descendant des croisés coudoie l'entraîneur aux favoris courts.* »

Voici la narration du *Soir* : « La tribune des dames est étincelante, jamais nous n'avions vu un aussi merveilleux ensemble de toilettes, presque tous les costumes sont clairs mauve, héliotrope ; la gamme des nuances douces domine. A la hâte, dans cette assistance féminine, nous avons pu relever quelques noms. » (Suit l'énumération des duchesses de marque.) Puis il ajoute : « On pense bien aussi que le bataillon de nos *jolies pécheresses* est là, sous les armes, au grand complet ; aucune d'elles ne saurait manquer à la fête. Nous ne donnons point les noms, car nous ne saurions les citer toutes, et nous ne voulons pas faire de jalousie ; du reste, c'est le cas ou jamais de dire qu'elles sont *connues du Tout-Paris.* »

Sans doute, l'adultère ne date pas d'hier, il est presque aussi ancien que le mariage lui-même. Mais autrefois, c'était un déshonneur. Aujourd'hui, c'est ce monde-là qui tient le haut du pavé. Ce sont les filles et les épouses de la vieille aristocratie française, recevant dans leurs bras des Juifs milliardaires pour acquitter des dettes que leurs pères ou leurs époux ont contractées aux jeux de Bourse ou ailleurs, ou même tout simplement *pour soutenir l'honneur et le train de leur maison.* Ce sont les femmes et les filles des petits bourgeois parvenus, acquérant, par ce moyen, une dot beaucoup plus appréciée que leur virginité. Ce sont les filles et les femmes du peuple, réduites à n'avoir que cet unique moyen pour assurer leur pain de chaque jour.

La vie prostitutionnelle déborde à pleins

bords; aveugle qui ne la voit pas. Encore quelques années et la fiction légale du mariage ne sera plus *qu'une balançoire démodée, bonne tout au plus pour les adversaires irréconciliables du progrès.*

Je pourrais citer des faits sans nombre, mais en remuant trop longtemps cette boue infecte, on se sent pris de nausées qui pourraient devenir mortelles. Je passe donc à la perpétuité.

LIVRE II

FIN DE LA PERPÉTUITÉ

Sᴏᴍᴍᴀɪʀᴇ. — L'indissolubilité matrimoniale : paroles de Notre-Seigneur Jésus-Christ et de saint Paul. La disparition légale. Le divorce entrant de plus en plus dans les mœurs. La vie prostitutionnelle légalisée. Fin de la famille. Fin d'un monde.

L'indissolubilité matrimoniale abolie par la perversité morale du genre humain, a été ramenée par le divin Sauveur à sa perfection primitive.

Un jour, les Scribes et les Pharisiens vinrent lui faire cette question pour le tenter : « Est-il permis à l'homme de renvoyer son épouse pour une cause quelconque? Jésus leur répondit : Vous n'avez donc pas lu que Celui qui a créé l'homme au commencement a créé un homme et une femme. A cause de cela, l'homme laissera son père et sa mère pour s'unir à son épouse; et ils seront deux dans une seule chair. Aussi, ils ne sont plus deux, mais une seule chair. Donc que ce que Dieu a uni, l'homme ne le sépare pas. »

Et les disciples l'interrogeant de nouveau en particulier à ce sujet, Jésus leur dit : « Tout homme qui, ayant renvoyé sa femme, en épouse une autre, commet un adultère ; et toute femme qui, ayant renvoyé son époux, se marie de nouveau, est adultère. » (MARC, X, 4, etc.)

L'Apôtre saint Paul, à son tour, commente en ces termes les enseignements du Divin Maître. (I COR., VII, 10, 11.) *Iis autem qui matrimonio juncti sunt præcipio non ego, sed Dominus, uxorem a viro non discedere. Quod si discesserit, manere innuptam, aut viro suo reconciliari. Et vir uxorem non dimittat.*

« A ceux qui sont unis par le mariage j'ordonne, non pas moi, mais le Seigneur, que la femme ne se sépare pas de son époux. Que si elle le quitte, qu'elle reste non mariée ou qu'elle se réconcilie avec son époux. Et que l'homme ne renvoie pas son épouse. »

Voilà la loi chrétienne sur l'indissolubilité du mariage, loi que tout le monde connaît et que personne n'ignore. Et voici comment elle est observée.

Lorsque le juif Naquet faisait voter sa loi du divorce, les journaux catholiques se consolaient en disant que cette loi resterait à l'état de lettre morte et que personne ne voudrait en user.

Or, ce sont précisément les causes du divorce qui encombrent à peu près tous les tribunaux. Déjà les époux divorcés et remariés sont reçus parmi *les personnes comme il faut*; ils ne sont guère plus considérés comme des concubinaires. Même ceux qui prétendent ne vouloir jamais user du divorce, en reconnaissent jusqu'à un certain point, la légitimité, à Paris comme en province, à la ville comme à la campagne. Et aujourd'hui, la plupart de ceux qui se marient regardent comme une chose possible et légitime la rupture du lien conjugal. « Nous avons maintenant la ressource du divorce », vous répondent en chœur tous les jeunes fiancés, quand on leur recommande de ne pas s'engager à la légère. Si vous leur objectez que l'Eglise n'autorisera jamais le mariage des divorcés, ou vous répondra qu'on se passera de sa bénédiction et que pour cela on ne s'en trouvera pas plus mal.

Donc, dans ces unions, que par habitude on continue d'appeler mariages, l'unité et la perpétuité sont généralement regardées comme facultatives, et, par suite, il n'y a pas de vrai mariage. Car Notre-Seigneur Jésus-Christ, ayant ramené le mariage à sa perfection primitive et ayant voulu qu'il fût *essentiellement un et indissoluble*, toute condition qui porte atteinte à *l'essence du contrat conjugal* rend le mariage nul, comme nous aurons l'occasion de l'expliquer plus au long quand nous parlerons de la fécondité.

C'est pourquoi, comme la plupart de ceux qui se marient, prétendent se réserver une certaine puissance sur leur corps et dissoudre le lien conjugal quand bon leur semblera, il s'ensuit que la majorité des familles est fondée sur un faux mariage qui n'est en réalité qu'un vrai concubinage. Tant il est vrai de dire que pour toutes choses, nous en sommes arrivés au régime des vaines apparences faisant semblant de montrer le contraire de la réalité, et remplissant l'office de trompe-l'œil pour ceux qui ne demandent qu'à être trompés.

Aussi, sauf de rares exceptions, les choses que nous appelons encore des familles, n'en sont plus que d'hypocrites simulacres, cachant d'une manière plus ou moins apparente une *vie prostitutionnelle légalisée*.

J'avais donc bien raison de dire que la famille, comme l'autorité et la religion, n'existe réellement plus, et que le masque qui en cache la ruine, tend à disparaître tous les jours davantage.

Or, *la fin de la famille*, comme la fin de l'autorité et de la religion, c'est *la fin d'un peuple*.

Mais, hélas ! ce n'est pas seulement la suppression de *l'unité* et de *la perpétuité* dans l'union conjugale qui a détruit la famille ; c'est aussi et surtout, la suppression de *la fécondité*.

Et, comme cette question capitale constitue plus particulièrement le péché contemporain et tend directement et immédiatement à la suppression de l'être, nous allons en faire l'objet d'une étude spéciale et approfondie.

———

LIVRE III

FIN DE LA FÉCONDITÉ

Avant-propos. — Résumé de ce qui a été dit précédemment. Question capitale parmi les signes de la
fin d'un monde. Etude spéciale.

Toute société pour vivre a besoin de trois
choses : de la religion pour la vie morale,
de l'autorité pour la vie sociale, de la famille
pour la vie physique. Un peuple sans religion est un peuple sans morale, et un peuple
sans morale est un peuple fini, et nous avons
constaté que, malheureusement, nous en
sommes là. L'autorité est absolument nécessaire pour le maintien de l'ordre matériel ;
sans elle, c'est le désordre et c'est la fin ; et
nous avons également constaté qu'en France
l'autorité vraie n'existe plus. Enfin, la famille est indispensable à tout peuple pour
se perpétuer ; nous avons établi que la famille
réclame trois conditions essentielles : l'unité,
la perpétuité et la fécondité ; et nous venons
de voir qu'en France, il n'y a généralement
plus ni unité, ni perpétuité. Il nous reste

maintenant à étudier la fécondité, dont, à cause de son importance capitale, nous allons faire une étude spéciale et approfondie. C'est pour cela que nous avons cru devoir diviser le livre en plusieurs sous-titres ou chapitres pour synthétiser le travail et faciliter les recherches du lecteur.

CHAPITRE PREMIER

ÉCONOMIE PROVIDENTIELLE DE LA FÉCONDITÉ

SOMMAIRE. — La maternité raison d'être de la femme, histoire de sa formation. La bénédiction divine. Le châtiment spécial pour la femme du péché originel. But principal de la fécondité ; son éloge dans l'Ancien et le Nouveau Testament. L'inclination naturelle et réciproque de l'homme et de la femme. Harmonieuse combinaison de l'obligation et du plaisir. Comment on faisait autrefois. Érasme. Napoléon Ier.

La femme, nous l'avons déjà dit, n'a été créée et mise au monde que pour la maternité, elle n'existe que pour cela ; c'est là, je ne crains pas de le dire, sa principale et, jusqu'à un certain point, son unique raison d'être. Tout le prouve, la foi, la raison et la science.

Nous lisons, en effet, dans la Genèse, que Dieu créa la femme pour donner à l'homme une aide semblable à lui, et qu'aussitôt que la première femme fut présentée au premier homme, il les bénit en leur disant : « Croissez et multipliez-vous, remplissez la terre et

vous l'assujettissez. *Crescite et multiplica-mini, replete terram et subjicite eam.* »
(Gen., I, 28.) Or, Adam n'avait besoin *d'une aide semblable à lui* que pour une seule chose, procréer des rejetons. Pour tout le reste, il pouvait, surtout étant placé dans le paradis terrestre, amplement se suffire à lui-même.

Le texte hébreu s'exprime sur ce point d'une manière tout à fait explicite qui ne tolère nullement le sens quelque peu amphibologique de la version latine. Dieu a dit, en effet, selon le sens littéral de l'hébreu. « *Faciamus eiad jutorium secundum anteriora ejus (id est) virilia :* c'est-à-dire, littéralement : Faisons à l'homme une aide pour l'exercice de son pouvoir procréateur. » Et ce que Dieu s'est dit à lui-même, ce qu'il a décidé dans ses conseils divins, il le fait connaître au premier homme et à la première femme en leur disant : « Croissez et multipliez-vous ; remplissez la terre et vous l'assujettissez. »

Il veut donc que l'homme et la femme se multiplient, jusqu'au point de remplir la terre entière, *replete terram*, et de n'en laisser aucune parcelle sous la domination exclusive des poissons, des oiseaux ou des bêtes sauvages. *Et subjicite eam, et domina-mini piscibus maris et volatilibus cœli et universis animantibus quæ moventur super terram.* (Gen., I, 28.) C'est donc une fécondité qui ne doit avoir d'autre limite que le monde; et, tant que la terre ne sera pas pleine d'hommes, l'homme et la femme, pour répondre à la bénédiction du Tout-Puissant, devront s'unir afin de travailler à la remplir.

Le péché a fait, il est vrai, que cette divine bénédiction fût en même temps pour la femme un châtiment et une expiation. Mais, loin de la restreindre, le Seigneur lui promit, au contraire, une plus grande fécondité. « Je multiplierai, dit-il, tes conceptions et tes douleurs. » *Multiplicabo ærumnas et conceptus tuos.* (GEN., III, 16.) Dans le texte hébreu, le verbe est répété deux fois : *Multiplicans, multiplicabo ; multipliant, je mulplierai;* ce qui indique la *certitude* et la *multitude* des conceptions et des douleurs que Dieu promet à la femme.

Et cela se comprend; car, d'une part, le péché ayant introduit la mort dans le monde, il fallait bien remplacer ceux qui mouraient, et, d'autre part, l'homme, poussé vers la femme par l'aiguillon de la chair, autre conséquence de la faute originelle, devait naturellement produire en elle de plus nombreuses conceptions. Et la femme ne sera plus la *virago* sortie de l'homme, mais *Eva*, c'est-à-dire, celle qui, pour avoir donné la mort, sera désormais condamnée à donner la vie sans trêve ni repos, *Mater viventium, Eva.*

Aussi, d'après une tradition assez commune et dans la synagogue juive et dans l'Eglise, Eve enfantait tous les ans et presque toujours deux enfants, quelquefois davantage. Les filles d'Eve marchèrent jusqu'au déluge sur les traces de leur mère; et c'est pour cela que Moïse, après avoir nommé le seul des patriarches qui devait succéder au père dans le gouvernement du peuple, ajoute constamment : *Genuit filios et filias* (GEN.), *il engendra des fils et des filles*, sans les compter, comme pour indiquer que ces fils et ces filles étaient innombrables.

Mais ce n'est pas seulement pour remplir la terre que Dieu a donné la femme à l'homme; c'est aussi et surtout pour *peupler le ciel*. Dieu, en effet, selon la parole de saint Paul, ne met des hommes sur la terre que pour donner des frères à son *Fils premier né*, Jésus-Christ. *Ut sit ipse primogenitus in multis fratribus.* (R. VIII, 29.)

Aussi, dans la Sainte Ecriture, la fécondité est-elle regardée comme la plus grande bénédiction et la stérilité comme le plus grand des opprobres. Nous le voyons dans l'histoire de Lia et de Rachel. Lia, après quatre ans de mariage, mettant son quatrième fils au monde, s'écrie : « Maintenant, je louerai le Seigneur », et elle lui donne pour cela le nom de *Juda*, c'est-à-dire, *louange*. Rachel, au contraire, voyant la fécondité de sa sœur, dit à Jacob, dans son dépit : « Donne-moi des enfants, sinon je mourrai. » *Da mihi liberos, alioquin moriar* (GEN., XXI, 1). Et, lorsque, quelques années plus tard, cette même Rachel devient mère, elle nomme son premier né *Joseph*, ce qui veut dire : « *Que le Seigneur me donne bientôt un autre enfant.* »

Plus tard, nous entendons le Roi-prophète chanter la joie et les actions de grâces de celle qui se voit dans sa maison mère de beaucoup d'enfants. *Qui habitare facit sterilem in domo matrem filiorum lætentem.* Il proclame que les enfants, fruits du sein de la femme, sont une récompense et un héritage du Seigneur. *Ecce hæreditas Domini, filii, merces fructus ventris.* Il annonce à l'homme craignant Dieu que son épouse sera comme une vigne féconde dans l'intérieur de sa maison, et que ses enfants croîtront autour de sa table comme de jeunes plantes d'oliviers. *Uxor tua sicut vitis abundans in lateribus domus tuæ; filii tui sicut novellæ olivarum in circuitu mensæ tuæ. Ecce sic benedicetur homo qui timet Dominum.* Et saint Paul, dans le Nouveau Testament, nous dit que la femme trouvera son salut surtout dans la génération des enfants. *Salvabitur per filiorum generationem* (TIM., II, 15).

Aussi, les Pères de l'Eglise nous représentent-ils souvent le sein de la femme comme un champ fertile dans lequel l'époux sème des hommes pour la terre, des élus pour le ciel. Et dans la messe du mariage, l'Eglise demande à plusieurs reprises et surtout que la femme soit *féconde en enfants*. *Sit fecunda in sobole.*

Ce n'est pas à dire cependant que Dieu fasse un devoir rigoureux à tout homme et à toute femme de procréer des enfants tant qu'ils pourront.

Au lieu d'arriver à la multiplication de l'espèce humaine par une loi morale, Dieu a préféré y pourvoir par l'attrait naturel qui pousse les deux sexes l'un vers l'autre et par l'aiguillon de la chair. Cette tendance naturelle poussera constamment l'homme et la femme à s'unir par le mariage, et la virginité ne sera jamais, même sous le régime des conseils évangéliques, qu'une infime exception. En outre, l'aiguillon du plaisir sera généralement assez fort pour que l'homme passe par-dessus toutes les considérations et rende assez souvent son épouse mère.

Et la femme, qui ordinairement se livre à l'homme plutôt par affection et complaisance que par plaisir, éprouve par contre l'instinct de la maternité. A la fillette, il faut des poupées; à la femme, il faut des enfants; et, quand elle n'en a pas, c'est une bête, souvent un caniche, qui en tient lieu. On cite encore dans une ville de province le nom d'un petit chien adopté par une jeune femme dont la maternité se faisait attendre. *Philos* (c'était le nom du caniche) était constam-

ment sur les genoux de sa maman adoptive,
il avait une place à table à côté d'elle et
était toujours le premier servi. Après douze
ans d'attente, un enfant arriva, et alors le
pauvre Philos fut relégué aux oubliettes de
l'office.

Mais toutes ces tendances naturelles ne
réaliseront les fins de la Providence qu'à
deux conditions : 1° que l'union des sexes
sera une et permanente ; 2° que *les époux en
prenant leurs plaisirs, ne pourront frustrer
la nature de ses droits, c'est-à-dire, supprimer la fécondité.*

La première condition est indispensable,
comme nous l'avons déjà vu, pour que le
père et la mère puissent remplir tous leurs
devoirs vis-à-vis de leurs enfants. C'est
pourquoi la polygamie et le divorce répu-
gnent dans une certaine mesure au droit
naturel, et placent l'homme dans un état
de révolte contre la nature, c'est-à-dire contre
Dieu.

La seconde condition est encore plus nécessaire ; car si l'absence de la première met
l'enfant dans des conditions anormales, le
défaut de la seconde le supprime complètement. S'il était permis, en effet, à l'homme
de prendre ses plaisirs tout en évitant de
rendre son épouse mère, il est évident qu'il
en serait bientôt fait de la multiplication de
l'espèce humaine.

L'amour du sexe et celui de la maternité

seront toujours des stimulants suffisants pour que tout homme cherche et trouve une épouse, et que toute femme cherche et trouve un mari. Mais la femme, devenue mère et possédant son enfant, assez souvent s'en contenterait et se passerait volontiers de le redevenir. Les ennuis de la grossesse, les douleurs de l'enfantement, les tracas, les soucis de l'allaitement lui font considérer une nouvelle maternité comme une très lourde charge, et pour l'éviter, plusieurs consentiraient sans peine à se priver à tout jamais du plaisir de l'union conjugale, plaisir qui pour un certain nombre est parfois une douleur. Et si l'époux était du même avis que l'épouse, assez souvent, après un ou deux enfants, au plus, ils vivraient ensemble comme frère et sœur.

Heureusement, il n'en est pas ainsi, et, après avoir expérimenté les plaisirs de la chair, l'homme arrive à ne plus pouvoir s'en passer, sous peine de tomber dans le péché d'incontinence, de devenir *masturbateur*.

C'est à peine si quelques-uns peuvent, sans danger de souillure, se priver pendant les sept ou huit jours qui suivent le travail de l'enfantement. Aussi, c'est surtout à l'homme que s'adresse l'avis de saint Paul, aux époux, lorsqu'il leur dit : « Revenez ensemble, de peur que le démon ne vous tente à cause de votre incontinence. *Revertimini in idipsum*

7

*ne tentet vos Satanas propter incontinen-
tiam vestram.* (I. COR., VII, 5.)

Aussi, c'est surtout à l'homme que s'a-
dresse l'avis de saint Paul aux époux, lorsqu'il leur dit : « *Il est bon pour l'homme de
ne pas toucher à la femme. Pour éviter
néanmoins toute impudicité, que chaque
homme continue à vivre avec sa femme, et
chaque femme avec son mari. Que le mari
rende le devoir à la femme et pareillement
la femme au mari. La femme n'est pas maî-
tresse de son corps, mais c'est le mari ;
comme le mari n'est pas maître de son
corps, mais il est à sa femme. Par conséquent, ne vous fraudez pas l'un l'autre, si ce
n'est d'un consentement mutuel, pour un
temps, afin de vous appliquer avec plus de
pureté à la prière : après quoi, revenez ensemble comme auparavant, de peur que
vous ne donniez occasion à Satan de vous
solliciter à l'incontinence, et que, par votre
faiblesse, vous n'y succombiez. Quand, néanmoins, je vous dis de retourner ensemble,
je vous le dis comme à des infirmes, par
condescendance, et non par commandement.
Je voudrais, en effet, vous voir vivre tous
dans la continence, comme moi ; mais
chacun a son don propre, selon qu'il plaît
à Dieu de le lui donner : à l'un d'une manière, à l'autre d'une autre.* (Traduction de
Picquigny.) Bonum est homini mulierem
non tangere. Propter fornicationem autem

unusquisque suam uxorem habeat et unaquæque suum virum habeat. Uxori vir debitum reddat ; similiter autem et uxor viro.
Mulier sui corporis potestatem non habet,
sed vir ; similiter autem et vir sui corporis
potestatem non habet, sed mulier. Nolite
fraudare invicem, nisi forte ex consensu ad
tempus, ut vacetis orationi ; et iterum revertimini in idipsum, ne tentet vos Satanas
propter incontinentiam vestram. Hoc autem
dico secundum indulgentiam, non secundum
imperium. Volo enim omnes vos esse sicut,
meipsum ; sed unusquisque proprium donum
habet ex Deo, alius quidem sic, alius vero
sic.

Par ces paroles, saint Paul a dit tout ce
qu'on peut dire aux époux, relativement à
leurs devoirs conjugaux. L'union conjugale
n'est nullement obligatoire *en soi;* il serait
même bon de ne pas en user. Bonum est
homini mulierem non tangere. Saint Paul
voudrait même que tous les époux vécussent
dans la continence comme lui. Volo enim
omnes vos esse sicut meipsum. Mais quoique
cela soit possible *absolument,* ce ne l'est pas
moralement pour tout le monde : car chacun
a son don propre, selon qu'il plaît à Dieu de
le lui donner, à l'un d'une manière, à l'autre
d'une autre : unusquisque proprium donum
habet ex Deo, alius quidem sic, alius vero
sic. Et alors l'usage du mariage est accordé
comme *remède* et non imposé comme *devoir*

à tous les époux qui *ne peuvent* ou *ne veulent* se contenir. Hoc autem dico secundum indulgentiam, non secundum imperium. C'est pourquoi si les époux *pouvaient* et *voulaient* employer d'autres moyens (comme par exemple la prière, le jeûne, la fréquentation des sacrements, etc.) pour remédier au danger d'incontinence, ils ne seraient obligés *nullement* à l'acte conjugal. Mais, c'est un fait d'expérience, aujourd'hui, la plupart des époux, surtout des maris, (et les mariés qui me liront ne me contrediront pas), sont *pratiquement* et *moralement incapables* de s'abstenir sans tomber dans le péché d'impureté, non seulement dans la *pollution involontaire*, qui n'est qu'une souillure physique, mais dans le péché proprement dit de *masturbation*. Et c'est à ceux-là, et à ceux-là *seulement*, qui ne *pouvant* ou ne *voulant* éviter le péché d'impudicité différemment, que saint Paul *ordonne l'union conjugale*. Propter fornicationem autem unusquisque habeat suam uxorem, et unaquæque suum virum habeat.

Cette union conjugale est-elle, en pareil cas, *gravement obligatoire?* — Evidemment *oui,* puisque, par hypothèse, l'homme se trouve dans un *danger prochain* de faute grave *formelle* et que, soit par infirmité naturelle, soit par faiblesse de volonté, il n'a pas d'*autre moyen* de l'éviter.

Il y a donc régulièrement pour l'époux

obligation grave de voir sa femme *toutes les fois* que, *sans cela*, il y aurait pour lui *danger prochain* de souillure, c'est-à-dire de péché *formel* contre les mœurs. Et corrélativement, il y a pour la femme, à part le cas très rare d'un *très grave* danger pour sa vie ou sa santé, et quelques autres cas que je ne puis énumérer ici, il y a, dis-je, pour la femme, *chaque fois* obligation *grave* de se soumettre, et elle ne peut donner comme excuses ni les inconvénients de la grossesse, de l'enfantement ou de l'allaitement, ni les souffrances ou les ennuis qui sont l'ordinaire apanage de son sexe en pareille occasion, ni la crainte fondée de voir la famille augmenter outre mesure. *Graviter* peccat conjux negans debitum, *toties quoties* est periculum incontinentiæ vel gravis molestiæ in altera parte. — Non excusatur a debito reddendo uxor ob ordinaria partus, graviditatis aut nutritionis incommoda, nec ob dolores graves quidem sed tempore breves, nec ob dolores moderatos sed diuturnos; v. gr. capitis per plures menses post partum, nec ob sanitatem aliquantisper debilitatam; quia hæc omnia conditioni matrimonialia adnexa sunt; secus autem si periculum vitæ, aut morbi gravissimi ex *judicio medici vere prudentis* pertimescendum esset. — Non excusatur conjux a debito reddendo *ob timorem prolis numerosioris*, quia procreatio prolis ad præcipum finem matrimonii spectat; unde incommodum illud est ipsimet matrimonio intrinsecum. (Gury Compendium theol. moralis tract. de Matrimonio, cap. VIII, art. 2.)

Et saint Thomas, bien avant Gury et saint Liguori, résumant en un mot le devoir de l'union conjugale, avait dit : A cause de la lubricité de la chair, il a été *divinement* établi que le devoir soit *toujours* rendu à celui qui le demande, de peur qu'il n'en résulte une *occasion de péché*. Hoc onus est propter lubricum carnis *divinitus* ordinatum ut *semper* petenti debitum reddatur, ne aliqua occasio peccandi detur. (S. Theol. suppl. q. 64, art. 9, ad primum.)

Bien plus, si la femme refuse, et manque ainsi gravement à son obligation, l'époux peut et même *dans une certaine mesure* doit employer la *force* au besoin pour la contraindre à l'obéissance, sans se préoccuper autrement de ses lamentations, de ses larmes ou de ses cris. Et la raison de tout cela est bien simple, c'est que la femme, en refusant, manque *gravement* à son devoir d'épouse, et que l'homme, chef de la famille, a reçu de Dieu, comme l'affirme saint Thomas, le *pouvoir coercitif* pour la ramener au devoir ou l'y maintenir, qu'il peut la corriger non seulement par le *verbe*, où il serait probablement le plus faible, mais encore par la *verge*, où il sera certainement le plus fort. Potest eam corrigere *verbis* et *verbere*. (S. Theol. suppl. q. 62, art. 2.)

Au reste, la violence n'est généralement pas nécessaire, car, après un semblant de résistance plus apparente que réelle, la femme se livre ordinairement tout en se lamentant et en reprochant amoureusement à son époux de vouloir la faire mourir. Et de la sorte, la femme redevenue mère, même un peu malgré elle, se dévouera encore et toujours pour son enfant : c'est dans la nature, et l'on appelle justement celles qui font le contraire, des mères *dénaturées*.

C'est ainsi que Dieu, en mélangeant harmonieusement l'obligation et le plaisir, tend à réaliser la bénédiction qu'il donna à nos premiers parents : « Croissez et multipliez-vous, remplissez la terre et vous l'assujettissez. » *Crescite et multiplicamini, replete terram et subjicite eam.*

Donc, pour nous résumer, voici toute l'économie de la Providence relativement à la multiplication de l'espèce humaine. La tendance réciproque des sexes pousse au mariage, qui, du reste, comme l'affirme saint Thomas après saint Paul, *est relativement obligatoire pour tous ceux qui ne peuvent ou ne veulent se contenir. Qued si non se continent nubant, melius est enim nubere quam uri.* (I Cor., vii.) L'aiguillon du plaisir chez l'homme, le désir de la maternité chez la femme poussent aux rapports sexuels. Ces rapports sexuels dont la femme se passerait volontiers après une ou deux maternités, deviennent au contraire

pour l'homme un impérieux besoin, et presque toujours une grave obligation afin d'éviter le péché d'incontinence. Une nouvelle
grossesse suit de près un nouvel enfantement, et la femme redevenue mère se dévoue
volontiers pour un nouvel enfant dont elle
se serait facilement passé. C'est ainsi que
chaque époux et chaque épouse répondraient
pleinement aux desseins de Dieu sur eux;
c'est ainsi qu'on arriverait rapidement à remplir la terre et à peupler le ciel.

Et c'est ainsi que les choses se passaient
autrefois. Les jeunes filles étaient ordinairement mariées aussitôt que nubiles, c'est-à-
dire vers l'âge de treize ou quatorze ans. La
fécondité suivait de près la culture d'une
terre vierge. A seize ans, la plupart étaient
déjà mères. Puis, elles enfantaient ordinairement tous les quinze mois, quelques-unes
même tous les ans. Et cela durait pour un
bon nombre, avec certains intervallles de repos, jusqu'à l'âge de quarante à quarante-
cinq ans. De la sorte, la plupart des femmes
qui n'éprouvaient aucun accident en couches
ou autrement, arrivaient facilement jusqu'à
mettre au monde dix, quinze et même vingt
enfants. Elles se plaignaient bien entre elles
quelquefois de leur exubérante fécondité,
comme le prouve le récit d'Erasme dans ses
propos familiers où il met en scène deux
jeunes femmes qui se communiquent leurs
impressions.

L'une, après avoir annoncé à son amie qu'elle a déjà un enfant de six mois, ajoute qu'elle se croit enceinte de nouveau. *Suspicor et nunc me gravidam esse...* L'autre la félicite ironiquement en lui disant : « A la bonne heure, champ fertile a trouvé bon cultivateur. » *Euge, contigit felici fundo bonus cultor.* Et la première de riposter avec une légère moue : « Sur cette partie, mon mari est plus généreux que je ne voudrais. » *Hac in parte plus præstat, quam vellem.* Et sa commère de lui répondre : « Cette plainte t'est commune avec un certain nombre d'épouses. » *Ista querela tibi cum paucis uxoribus est communis.*

Après cela, elles riaient entre elles et les lamentations s'arrêtaient là. Elles faisaient de nécessité vertu et, en définitif, elles étaient fières de leurs nombreux enfants. Car, jusqu'à nos jours, c'était une honte pour une femme d'être stérile, et pour un homme d'avoir une épouse peu ou point féconde. Ainsi estimait-on les femmes sur le nombre de leurs enfants.

« Quelle est la femme que vous estimez le plus ? » — « Celle qui a fait le plus d'enfants », répondit Napoléon Ier à Mme de Staël, qui lui avait imprudemment posé la question.

Les choses en étaient là lorsque parut *Malthus.*

CHAPITRE II

MALTHUSIANISME

Sommaire. — Malthus. Sa théorie historiquement et rationnellement fausse. Immoralité du Malthusianisme : citation de saint Thomas. Horreur instinctive de la nature pour les procédés malthusiens. Le Malthusianisme et la physiologie.

Thomas-Robert Malthus, médecin anglais, né en 1766, mort en 1836, publia en 1790 son « *Essai sur les principes de la population avec l'amélioration future de la société* ». Et c'est dans ce livre qu'il formula la loi suivante connue sous le nom de *loi de Malthus* : « *Naturellement la population humaine s'accroît en progression géométrique, tandis que les moyens de subsistance s'accroissent seulement en progression arithmétique ; et cela en mettant au mieux les progrès de l'industrie, de l'agriculture, du commerce, etc.;* » c'est-à-dire que la population augmentant comme 2, 4, 8, 16, 32, 64, etc.; les subsistances augmenteraient comme 2, 4, 6, 8, 10, 12, etc. D'où il concluait à une famine générale et nécessaire, si l'on ne mettait certains obstacles à l'accroissement de la population. Pour cela, il conseillait la virginité, les mariages tardifs, la continence et surtout la *prudence dans le mariage.* Cette prudence *malthusienne* consiste, tout le monde le sait, en ce que *l'homme prenne ses plaisirs tout en évitant à la femme les embarras de la maternité.* Malthus présentait la chose comme indispensable pour le bien-être des peuples et même pour la santé de la femme.

A cette théorie de Malthus, l'histoire répond victorieusement, puisqu'elle nous montre toujours les populations les plus denses formant les nations les plus prospères, et les peuples au contraire dont la population diminue, voués à la misère et à la fin. C'est l'inverse qui est la vérité et il me serait facile de prouver par la raison et l'expérience, la parfaite exactitude de cette proposition. *Tandis que la population suit une progression arithmétique, les subsistances augmentent comme une progression géométrique.* Tout le monde sait, en effet, c'est un principe rationnellement et expérimentalement démontré, que l'association augmente la somme du travail individuel et diminue les dépenses personnelles de chacun ; c'est-à-dire, que plus on est nombreux, plus on produit et moins on dépense. D'où il suit que le bien-être des familles comme des peuples

augmente ou diminue comme leur population. C'est un fait d'expérience. Pour s'en
convaincre, il suffit de lire l'histoire.

En outre, il ne faut pas oublier que la prudence malthusienne constitue une manœuvre
profondément immorale ; et que, par conséquent, procurerait-elle le bien-être matériel
des peuples, elle ne saurait néanmoins être
permise, pas plus qu'il ne serait permis à un
homme de tuer son voisin pour se rendre la
vie plus commode et plus facile. Il ne faut
jamais faire le mal, même lorsqu'il doit en
résulter un bien. *Non sunt facienda mala ut
eveniant bona.*

Or, il est certain que de tout temps et en
tout pays, la raison de tous les peuples a regardé la *masturbation* et par suite le malthusianisme qui n'est qu'une masturbation à
deux, comme une faute grave violant les lois
de la nature qui n'a jamais admis *la légitimité du plaisir que dans le rapprochement
fécondant des sexes.*

Pour le prouver, qu'il me suffise de citer
saint Thomas donnant dans sa *Somme philosophique* la raison synthétique universelle
(lib. III, cap. 62). « *Est bonum uniuscujus-
que quod finem suum consequatur, malum
autem ejus quod a debito fine divertat. Sicut
autem in toto, ita et in partibus considerari
oportet, ut scilicet, unaquæque pars hominis et quilibet actus ejus finem debitum sor-
tiatur. — Semen autem, etsi sit superfluum*

*quantum ad individui conservationem, est
tamen necessarium quantum ad propaga-
tionem speciei; alia vero superflua, ut eges-
tio, urina, sudor et similia ad nihil necessaria sunt; unde ad bonum hominis pertinet
solum quod emittantur. Non solum autem
hoc requiritur in semine, sed ut emittatur
ad generationis utilitatem ad quam coïtus
ordinatur. --- Frustra autem esset hominis
generatio nisi et debita nutritio sequeretur,
quia generatum non remaneret, debita nu-
tritione subtracta.* --- Sic igitur ordinata
esse debet seminis emissio ut sequi possit et
generatio conveniens et geniti educatio.
Ex quo patet quod contra hominis bonum est
omnis emissio seminis tali modo quod generatio sequi non possit; et, si ex proposito
hoc agatur, oportet esse peccatum. --- *Dico
autem modum ex quo generatio sequi non
potest secundum se, sicut omnis emissio seminis sine naturali conjunctione maris et
feminæ; propter quod hujusmodi peccata*
contra naturam *dicuntur.* --- *Si autem per
accidens generatio sequi non posset, hoc
non est contra naturam, nec peccatum sicut si contingat mulierum esse sterilem.*

Nec tamen oportet reputari leve peccatum *esse si quis seminis emissionem procu-
ret præter debitum generationis et educa-
tionis finem, propter hoc quod leve aut
nullum peccatum est si quis aliqua sui corporis parte utatur ad alium usum quam ad*

eum ad quem est ordinata secundum natu-
ram, ut si quis, verbi gratia, manibus am-
bulet, ant pedibus operetur aliquid manibus
operandum, quia per hujusmodi inordina-
tos usus bonum hominis non multum impe-
ditur. --- Inordinata autem seminis emissio
repugnat bono naturæ quod est conservatio
speciei. --- Unde post peccatum homicidii,
quo natura humana jam in actu existens des-
truitur, hujusmodi genus peccati videtur secundum locum tenere, quo impeditur generatio humanæ naturæ.

Je demande la permission de traduire
aussi littéralement que possible, au risque
de choquer quelques collets plus ou moins
montés. --- « C'est le bien de chaque être
d'atteindre son but, c'est un mal de le manquer. Or, ce qui est vrai pour l'être tout
entier, est aussi vrai pour chacune de ses
parties, et c'est, par conséquent, le bien de
chaque partie de l'homme et de chacune de
ses actions d'atteindre leur but. --- Or, l'humaine semence, quoique superflue pour la
conservation de l'individu, est néanmoins
nécessaire pour la propagation de l'espèce.
Les autres superfluités, au contraire, telles
que les excréments, l'urine, la sueur, etc.,
ne sont nécessaires à rien : d'où il suit que
le bien de l'homme n'en demande que
le débarras. Mais il n'en est pas de même
de l'humaine semence qui exige d'être émise
d'une manière *utile* à la génération pour la-

quelle a lieu l'union sexuelle. --- En outre, la génération de l'homme serait vaine si l'on ne procurait à ce dernier une alimentation convenable, puisque sans cela il ne saurait vivre. Il faut donc que *l'humaine semence soit émise de telle manière qu'il puisse en résulter et une génération convenable et l'éducation de l'engendré.* --- *Il résulte donc qu'elle est contre le bien de l'homme toute émission de l'humaine semence dont la génération ne saurait suivre, et, si cette émission est volontaire, c'est toujours un péché.* --- J'entends le cas, où la génération ne saurait suivre *absolument, comme lorsqu'il n'y a pas l'union naturellement requise entre l'homme et la femme.* Et c'est ce qui fait que ce péché est appelé péché *contre nature.* Mais lorsque la génération devient impossible par suite d'une circonstance accidentelle comme, par exemple, la stérilité de la femme, alors il n'y a rien contre la nature, ni faute quelconque. »

« Il ne faut pas non plus qu'on regarde comme un *péché léger* l'émission de l'humaine semence faite en dehors des conditions requises pour la génération et la bonne éducation, sous prétexte que ce n'est qu'une faute légère ou même aucune, de se servir d'une partie de son corps pour un autre usage que son usage naturel, comme si, par exemple, quelqu'un marche avec ses mains ou fait un ouvrage manuel avec ses pieds. Ces usages, en effet, quoique n'étant pas naturels, ne sauraient nuire grandement au bien de l'homme. Mais l'émission de l'humaine semence en dehors des conditions voulues pour la génération *répugne au bien de la nature qui est la conservation de l'espèce.* D'où il suit, *qu'après le péché d'homicide qui détruit la nature humaine déjà existante, ce péché par lequel la génération d'un homme est empêchée doit occuper la seconde place.* »

La raison des peuples par la bouche de saint Thomas vient donc de nous démontrer que *ce crime par lequel l'homme émet l'humaine semence dans des conditions qui rendent impossible la génération d'un autre homme, vient immédiatement après le crime d'homicide.*

Il est donc doublement coupable celui qui, dans le mariage, use de la prudence malthusienne, puisqu'il a toute facilité de faire tomber l'humaine semence sur le terrain qui lui convient, et que, pour agir différemment, il faut qu'il fasse sur lui-même un effort *contre nature.*

La nature, en effet, a tellement horreur de ce procédé qu'on ne l'a jamais vu pratiquer par les animaux. On voit bien quelquefois des femelles, sous l'aiguillon de la douleur qu'entraîne parfois le rapport sexuel, chercher à échapper au mâle. Mais le mâle, loin de se retirer, ou même de laisser fuir, fait toujours tout ce qu'il peut pour féconder la femelle.

Il peut aussi arriver quelquefois que la femme, dans certains rapports excessivement douloureux, cherche instinctivement à se retirer uniquement pour échapper à la douleur. Mais la position que la nature lui donne lui permettra difficilement de se dérober. Et l'époux, s'il laisse agir la nature, s'il obéit à l'instinct naturel qui le guide, fera toujours tout ce qu'il pourra pour rendre la femme féconde. Il sera même d'autant plus excité, il éprouvera d'autant plus de plaisir, qu'il rencontrera plus de difficulté et, par conséquent, qu'il fera éprouver plus de douleur.

C'est ce qui explique pourquoi le voluptueux Louis XV en était arrivé à ne vouloir que des vierges comme victimes de ses débauches; car la rupture du sceau virginal est presque toujours difficile pour l'homme et douloureuse pour la femme. (Voir Darras, *Hist. de l'Eglise,* tome 39.)

C'est ce qui explique aussi pourquoi chez les peuples qui n'ont pas été pervertis par les raffinements d'une civilisation égoïste et criminelle, les hommes aiment mieux supprimer les enfants que la fécondité. En Chine, quand une famille trouve qu'elle a trop d'enfants, elle les vend, les expose ou même les met à mort. Malgré cela, l'époux continuera toujours à rendre son épouse mère; il ne pensera même pas à prendre ses plaisirs tout en lui évitant une nouvelle maternité.

8

Or, cela prouve une chose, c'est que la prudence malthusienne, dans un sens, répugne à la raison et à la nature plus que l'infanticide lui-même. En effet, l'infanticide, après tout, ne fait que supprimer la vie temporelle de l'enfant, tandis que le reste supprime préventivement l'être tout entier. En outre, l'infanticide ne sera jamais qu'une exception, tandis que s'il était entendu que l'homme peut légitimement prendre ses plaisirs tout en évitant de féconder son épouse, c'en serait bientôt fait, comme nous le verrons bientôt, de l'existence du genre humain ; la fin du monde arriverait naturellement sans qu'il fût besoin d'aucun cataclysme.

Donc la raison et l'instinct naturel, aussi bien que la foi, combattent la prudence malthusienne.

Nous pouvons ajouter que la science est ici, comme toujours, d'accord avec l'instinct, la raison et la foi.

Je sais bien que Malthus a fait école et qu'il y a quelques médecins qui prétendent que les grossesses multiples sont fatales à la santé de la femme, citant pas mal d'exemples à l'appui.

D'abord, il est à remarquer qu'il faut examiner la chose au point de vue général et non dans certains cas particuliers, où il peut arriver quelquefois qu'une trop grande fécondité nuise à la santé d'une femme rachitique ou mal constitutionnée qui n'aurait jamais dû se marier.

Mais, ces cas particuliers mis de côté, la physiologie et l'hygiène nous enseignent que le meilleur moyen de conserver une santé parfaite, c'est de suivre toujours la nature. Cela posé, nous disons que la femme ne devient mère qu'autant que la semence humaine trouve en elle tout ce qu'il faut pour la fécondation. Or, d'une manière générale, la nature ne fait pas les choses à demi, et, par conséquent, elle doit donner en même temps à la femme ce qu'il lui faut pour supporter sans inconvénient les travaux de la grossesse, de l'enfantement et même de l'allaitement.

C'est là, en effet, que se concentre la vie de la femme pendant l'âge de la maternité. Les enfants en sont la soupape de sûreté. Quand ils n'arrivent pas ou qu'ils arrivent trop rares, cette vie surabonde, déborde et se traduit par des accidents souvent mortels, surtout quand elle se trouve surexcitée par de fréquents rapports sexuels.

« Les fraudes génésiaques, nous dit le docteur Bergeret dans son livre *Des fraudes*, peuvent provoquer chez la femme toutes les maladies de l'appareil générateur, depuis la simple inflammation jusqu'aux dégénérescences, aux désorganisations les plus graves.

« Dans les rapports sexuels, en effet, l'utérus subit une stimulation des plus éner-

giques, il entre dans un nouveau genre de
vie. Tout à l'heure il vivait pour son compte,
entretenant avec les autres organes le peu
de relations indispensables à l'économie générale. Maintenant il est à l'œuvre, car le
voilà qui appelle mystérieusement à son aide
le concours de tous les autres systèmes, et
les autres systèmes n'auront garde de le laisser dans l'embarras. Le sang se frayera de
nouvelles routes pour lui arriver avec plus
d'abondance. Le système nerveux viendra
lui fournir une plus grande dose de sensibilité propre. En un mot, la nature rassem-
blera là toutes ses forces pour accomplir son
plus grand œuvre, l'œuvre d'une nouvelle
création. Or, quand tous les ressorts organiques ont été ainsi tendus au plus haut de-
gré, on supprime tout à coup l'élément (c'est-
à-dire le sperme viril) qui devait servir de
point d'appui et de résistance ; on fait agir
tout cet ensemble des forces les plus pré-
cieuses de l'animalité, dans le vide. C'est un
leurre dont la nature doit être mal satisfaite,
et la nature souffre rarement qu'on se joue
d'elle avec impunité.

« Une objection contre la procréation d'une
famille un peu nombreuse, c'est la fatigue,
l'épuisement, la déformation de la taille, les
maladies de langueur, etc., qu'elle cause aux
mères. C'est là une *idée absolument fausse* :
l'accouchement est une fonction naturelle. Le
plaisir est presque toujours un emprunt dont

il faut payer chèrement le capital, tandis que la nature a placé du côté de la maternité les chances les plus fortes de santé et de lon-gévité. La fécondation et les grossesses *for-tifient*, tandis que la stérilité *dessèche* et *flé-trit :* et la mère qui aura mis au monde huit ou dix enfants, paraîtra jeune à côté de celle qui a sacrifié seulement quelques années aux folles extravagances de la luxure. »

Voici maintenant ce qu'écrit le docteur Le Bossu dans son livre *l'Anthropologie*, à l'article *Hygiène du mariage*.

« Les mœurs publiques doivent en grande partie leur dégradation et les familles leur désordre, aux scènes scandaleuses de l'al-côve, trop souvent transformées en véritable lupanar. L'immoralité du mari apprend à la jeune épouse les ingénieux stratagèmes in-ventés par la débauche. « Il n'y a rien de « plus honteux, dit saint Jérôme, que de trai-« ter sa femme comme une adultère. »

« On peut le dire, tous les écarts de la passion vénérienne, toutes ses aberrations se résument dans une pratique où le mariage n'est souvent qu'un voile derrière lequel se cachent tous les raffinements du libertinage; il n'est pas un médecin qui ne puisse rendre témoignage de *la multitude des cas d'ona-nisme conjugal* qu'il rencontre dans sa pro-fession; et il n'est personne qui n'admette que c'est là *une cause occulte et bien avérée de la dégradation de l'espèce et des généra-*

tions futures, privées de sève et obligées, selon l'expression énergique et vraie du docteur Duffreux, de surgir au milieu de ce vaste effort du néant.

« L'onanisme conjugal est donc la source cachée d'une foule de maladies qui frappent l'homme et la femme ; outre que des actes incomplets et anormaux produisent plus souvent qu'on ne pense des enfants faibles et chétifs. Chez l'homme, l'acte génésique accompli normalement, complètement, laisse à sa suite un état de bien-être comparable à celui résultant de la satisfaction d'un besoin impérieux. Mais celui qui, par calcul, restreint les plaisirs légitimes que peut lui donner le mariage, regrette nécessairement ce que lui fait perdre l'imperfection de ses actes ; il cherche à se procurer des sensations plus voluptueuses, et il outrage la nature.

« De là, la cause de la grande fréquence des affections des centres nerveux (myelithe, ramollissement cérébral, etc.), qu'on observe chez les hommes ; de là, chez les femmes, la surexcitation nerveuse aux mille formes, dont le point de départ est au système génital ; de là, les dégénérescences de la matrice.

« Nous n'hésitons pas à placer au premier rang dans l'étiologie de cette redoutable maladie le raffinement de la civilisation, et particulièrement les artifices introduits de nos jours dans l'acte génésique.

« Et il n'est pas difficile de concevoir le

mode d'action de cette cause pathologique,
si l'on considère combien il est vraisemblable
que l'éjaculation et le contact du sperme avec
le col utérin, constituent pour chacun des
conjoints la crise de la fonction génitale, en
apaisant l'organisme vénérien, en calmant
les convulsions de la volupté sous lesquelles
s'agitait frémissante l'économie tout entière...
Et puis, enfin... qui nous démontre qu'il
n'existe pas dans la liqueur fécondante quelque propriété spéciale, *sui generis*, qui fait
de sa projection sur le col de l'utérus et de
son contact avec cet organe, une *condition
indispensable à l'innocuité du coït.* »

Je pourrais encore multiplier les citations,
mais j'estime que ces deux-là sont suffisantes.

Au reste, tous les physiologistes, tous les
médecins sont d'accord pour reconnaître que
la masturbation est gravement nuisible à la
santé des deux sexes. Or, encore une fois,
la prudence malthusienne, l'onanisme, qu'est-
ce autre chose, sinon une masturbation faci-
litée par le rapprochement de l'homme et de
la femme?

Donc la science s'unit à la nature, à la raison et à la foi pour affirmer que ces pratiques
malthusiennes sont contraires à la santé des
deux sexes, comme à la morale naturelle et
au précepte divin.

Je pourrais ajouter une foule d'autres considérations qui m'amèneraient aux mêmes
conclusions. Mais je ne dois pas oublier que

je ne fais pas ici un traité spécial sur la matière, mais que j'étudie les signes de la fin d'un monde.

C'est pourquoi, pour rentrer dans mon sujet, je me hâte de constater que cette prudence malthusienne est le signe le plus certain d'une fin immédiate et irrémédiable, et je m'étonne que M. Drumont et les autres l'aient à peine signalée.

CHAPITRE III

LES CONSÉQUENCES NATURELLES DU MALTHUSIA-
NISME; SON UNIVERSALITÉ

SOMMAIRE. — Les pratiques malthusiennes amènent
rapidement la fin d'un peuple : crétinisme et
idiotisme. Le Malthusianisme, en France, est universellement pratiqué, même dans les familles
nombreuses : ils se sont trompés.

Nous disons d'abord que les pratiques malthusiennes amènent rapidement la fin d'un
peuple.

S'il est admis, en effet, que ces pratiques,
au lieu d'être un vice abominable, constituent une vertu, une sage prudence procu-
rant le bien-être au pays et à la famille, et
ménageant la santé de la femme, il est évident que tout homme qui se respecte, se fera
un devoir rigoureux d'épargner son épouse
et de ne lui procurer qu'une ou deux maternités au plus. Il faudra même souvent que la
femme, poussée par l'instinct de la progéni-
ture, sollicite vivement son époux de la rendre mère; sinon, celui-ci, toujours pour la

ménager et aussi quelquefois pour mieux arrondir son patrimoine, pendant les premières années du mariage, usera de la prudence malthusienne, peut-être même jusqu'à ce que la femme devienne incapable de concevoir. Bien plus, les parents de la fiancée exigeront parfois de l'époux la promesse de ne rendre son épouse mère qu'une fois et après un temps déterminé.

Une belle-mère que j'ai connue, ne consentit à donner sa fille, âgée de seize ans, qu'à la condition que le futur s'engageât à ne rendre son épouse mère qu'une fois et après la vingtième année. Le jeune homme promit naturellement tout ce qu'on voulut, et le mariage fut conclu. Cependant, six mois après, la jeune femme écrivait à sa mère pour lui annoncer ses couches prochaines. La belle-mère accourt armée de pied en cap pour foudroyer le parjure. Mais la jeune femme déclara à sa mère que c'était elle qui avait voulu goûter à tout prix les joies de la maternité. La maman semonça vertement sa fille et ordonna à son gendre de ne plus tenir compte des désirs de son épouse. Ce fut la dernière recommandation qu'elle lui fit en le quittant. Mais elle fut aussi inutile que les précédentes. Cet homme préférait avec juste raison une épouse féconde à une épouse adultère. Aussi, dix mois après, un nouvel enfant venait au monde. Mais, cette fois, la belle-mère furieuse refusa net de venir assister sa fille, leur écrivant de s'en tirer comme ils pourraient, puisqu'ils ne tenaient aucun compte de ses observations.

C'est là un exemple pris au hasard parmi mille autres que je pourrais citer, mais où les nouveaux époux ont un peu plus tenu compte des observations paternelles et maternelles.

Il résultera nécessairement de cette manière de faire que les ménages ne compteront presque jamais plus de un ou deux enfants. Il n'y aura de famille nombreuse que là où l'époux est un soudard ou un idiot qui, obéissant à l'instinct de la nature, fait simplement son devoir sans se préoccuper de la nourriture et de l'éducation de ses enfants.

Si, par hasard, après une ou deux maternités, quelqu'un de ces époux réputés honnêtes se trompe dans un moment d'oubli, et que son épouse reste encore *assez vertueuse* pour ne pas vouloir en supprimer les conséquences, ils en rougiront tous les deux ; on plaindra la femme, et l'homme surtout sera la risée du public.

En outre, par suite de causes naturelles, comme aussi, parce qu'on voudra trop retarder la maternité, ou même parce qu'on n'en voudra pas du tout, il y aura bon nombre de familles sans enfants. C'est pourquoi il arrivera vite un moment où les naissances seront de beaucoup moins nombreuses que les décès. Les familles aisées, car c'est là surtout qu'on voudra montrer de la tenue, s'étein-

dront rapidement. Il ne restera plus pour
faire nombre, je le répète, que les fils des
soudards et des idiots. *On nagera en plein
crétinisme pour finir dans la boue.*

Or, il est certain qu'aujourd'hui ce vice
abominable s'est tout à fait implanté dans
notre malheureux pays. Il est tellement entré
dans les mœurs que, loin d'être considéré
comme un crime, ceux qui ne le pratiquent
pas sont pris pour des êtres immoraux : *C'est
un homme sans conduite*, dit-on communément d'un père de famille qui a cinq ou six
enfants légitimes.

Il n'y a d'exception que pour un petit
nombre de familles aristocratiques ou autres
restées foncièrement chrétiennes, qui ne rougissent pas d'accomplir fidèlement la loi de
Dieu, et aussi, faut-il le dire, chez les Juifs,
qui ont soigneusement conservé là-dessus
les traditions de leurs ancêtres : ce qui, pour
le remarquer en passant, est le moyen naturel dont Dieu s'est servi pour les faire sur-
vivre à toutes les ruines et à toutes les
proscriptions. Faisons encore une troisième
exception en faveur de quelques familles
de mendiants dont le chef, comme nous le
disions tout à l'heure, est un soudard ou
un idiot. Ajoutons-en, si l'on veut, une
quatrième en faveur de certains époux stériles par suite de causes naturelles, et de
quelques autres à qui, après un ou deux enfants, un certain tempérament flegmatique

permet une continence absolue, ce qui est
très rare.

Mais, ces quelques exceptions admises, je
puis dire en toute vérité qu'il n'y a pas de
famille en France où la prudence malthusienne ne soit grandement honorée et largement pratiquée.

Aujourd'hui, les familles qui se respectent
le plus n'ont qu'un enfant; celles qui veulent rester honorables peuvent à la rigueur
en avoir deux. C'est le maximum qu'on accorde. Au-dessus de ce nombre, c'est un
déshonneur, les époux sont des gens, je le
répète, sans conduite, qui ne savent pas conserver leur rang, qui font des enfants pour
les faire mourir de faim, etc., etc. En un mot,
ces familles-là sont mises au pilori par l'opinion publique.

Et cependant, si ces époux ne font pas
comme les autres, ce n'est pas qu'il y ait de
leur part mauvaise volonté, c'est uniquement
parce que toutes les précautions ont
été inutiles pour empêcher la femme de concevoir et d'enfanter. Il n'y a eu pour eux
d'autre ressource que l'avortement qui même
n'a pas toujours réussi.

J'ai connu une femme enceinte de son huitième enfant après dix ans de mariage, malgré toutes les précautions de son époux et
tous les efforts employés pour la faire avorter.
Elle avait pris tous les remède possibles;
elle s'était livrée à toutes les manœuvres d'un

homme du métier qui lui avait fait subir toutes les ignominies. Son époux furieux ne l'épargnait en rien, l'accusant même d'infidélité pour pouvoir la maltraiter plus à son aise ; il agissait avec une telle brutalité que souvent pendant les derniers mois de sa grossesse il la faisait tomber en syncope, et il continuait à la violenter jusqu'à ce que l'excès de la douleur lui fît reprendre les sens.

Toutes les nuits se renouvelaient pour elle des souffrances atroces presque pareilles à celles de l'enfantement. Quoiqu'elle n'eût pas encore trente ans, son visage émacié était sillonné par les rides profondes de la douleur. C'était pour elle un martyre ineffable de tous les jours et, pour ainsi dire, de tous les instants. Malgré cela, rien n'y faisait, tous les enfants arrivaient à bon port ; aucun ne mourait ensuite, malgré le peu de soins qu'on leur donnait.

Une autre fois, un homme dont la femme portait le quatrième enfant, m'avouait que tous les quatre étaient venus malgré toutes les précautions qu'ils avaient prises.

Je pourrais multiplier les exemples à l'infini. Mais c'est inutile, car il est aujourd'hui avéré que sur cent enfants qui naissent ayant un ou deux aînés, il y en a bien quatre-vingt-dix qui arrivent malgré la volonté et les précautions des parents... Ils se sont trompés!!!

Bien plus, ce vice abominable, comme je

l'ai déjà dit, n'est plus considéré comme une
faute. On a bien peut-être entendu dire que
l'Eglise le défendait. Mais on prétend que
cela ne la regarde pas, que par le mariage
l'homme et la femme se sont unis pour prendre leurs plaisirs à leur aise et comme bon
leur semblerait. On ne s'en accuse généralement pas, et les quelques pénitents ou pénitentes qui l'avouent, n'en ont pas la contrition ni surtout le ferme propos. Ils s'en accu-
sent par acquit de conscience comme d'une
peccadille quelconque.

C'est pourquoi, en face de cette aberration
universelle, nous jugeons nécessaire de con-
sacrer un chapitre spécial à prouver toute
l'énormité du crime malthusien.

CHAPITRE IV

L'ÉNORMITÉ DU CRIME MALTHUSIEN

SOMMAIRE. — Enormité de cette faute : péché contre nature, plus grave que l'inconduite et le viol. Dieu lui-même ne pourrait en aucun cas le permettre : acte essentiellement mauvais. Témoignage de la Sainte Ecriture, des Pères, des Docteurs. Péché plus grave avec l'épouse qu'avec une autre.

Un jour, un confesseur insistait auprès d'une femme pour lui faire comprendre quelque peu l'horreur des pratiques malthusiennes.

Après avoir discuté un certain temps, elle répondit ceci : « Mais, enfin, vous n'auriez pas l'audace de vouloir me faire croire que c'est là un péché mortel, comme le viol, par exemple. »

Comment, pauvre femme, vous ne pouvez pas admettre que le malthusianisme soit un péché mortel. Mais, en matière de mœurs, il n'y a que deux fautes plus graves que celle-là : la sodomie et la bestialité.

N'oublions pas, en effet, ce que nous avons

dit précédemment, que la Providence a harmonieusement combiné l'obligation morale avec l'attrait des sexes afin d'arriver efficacement au but pour lequel il a donné une femme à l'homme : « *Croissez et multipliez-vous ; remplissez la terre et vous l'assujettissez.* » *Crescite et multiplicamini ; replete terram et subjicite eam.*

« Il suit de là, nous dit saint Augustin, que les rapports sexuels sont pour la vie de l'espèce ce que la nourriture est pour la vie de l'individu. » *Quod est cibus ad salutem hominis, hoc est concubitus ad salutem generis.* (De bono conjugali, cap. II.) Par conséquent, de même que les excès dans le boire et le manger sont des fautes d'autant plus graves qu'elles portent plus gravement atteinte à la vie de l'individu ; *de même les plaisirs de la chair constituent des fautes d'autant plus graves qu'elles s'opposent davantage au bien de l'enfant.*

La fornication est une faute grave parce qu'elle met régulièrement l'enfant dans des conditions anormales pour son éducation.

L'adultère est une faute plus grave, parce que, outre cela, il lèse encore le droit de l'un des époux ; puisque par le mariage l'homme s'est engagé à ne procréer des enfants que dans le sein de sa femme, et la femme à n'accepter la maternité que de son époux.

Le viol est une faute encore plus grave,

parce que l'homme prend injustement et par violence possession d'un sein qui ne lui appartient pas.

Cependant, ces diverses fautes, tout en mettant l'enfant dans des conditions anormales, ne le suppriment pas. En somme, s'il n'a pas le *bien-être, bene esse,* il a l'*être, esse,* ce qui est l'essentiel ; et pour lui personnellement, il est mieux d'être, même dans ces conditions, que de n'être pas du tout, car l'être est toujours préférable au néant. Au reste, la société doit, dans ces cas, suppléer autant que possible à l'insuffisance des parents.

C'est pourquoi Dieu pourrait dans sa sagesse et pour certains cas particuliers, en vertu du souverain domaine qu'il a sur le corps de l'homme et de la femme, autoriser et même ordonner la fornication, l'adultère, le viol. De même, en effet, que Dieu peut permettre de prendre les biens et même la vie d'un homme, je ne vois pas pourquoi il ne pourrait pas permettre, dans certains cas, de prendre l'épouse à l'époux, la vierge à ses parents et d'infliger ainsi à la femme le châtiment du déshonneur, moindre en somme que la mort.

Bien plus, en pareil cas, il n'y aurait en réalité, ni fornication, ni adultère, ni viol, puisque l'homme userait *légitimement* d'un bien que Dieu lui donne.

« Dieu peut, nous dit Cornelius Lapide,

me donner droit sur les biens, le corps, la
vie d'un autre ; et alors, je pourrai *légitimement* lui enlever ses biens, ce qui, sans cela,
serait un vol, --- me servir de son corps, ce
qui, par ailleurs, serait un plaisir défendu,
--- le faire mourir, ce qui, sans cela, serait
un homicide. » *Potest enim mihi dare Deus
jus in bona, corpus, vitam alterius ; et tunc
licite potero illi eripere bona, quod alias
fuisset furtum, --- uti corpore alterius ;
quod alias fuisset mœchatio, occidere alterum, quod alias fuisset homicidium.*

L'adultère, nous dit saint Thomas (II^a, II^a,
9, 9e article), c'est le rapport sexuel d'un
homme avec une femme déjà liée à un autre
homme par une loi divine : d'où il suit que
tout homme qui s'approche d'une femme par
ordre divin ne commet ni adultère ni véritable fornication. *Adulterium est concubitus
cum uxore aliena, quæ quidem est ei depu-
tata secundum legem Dei divinitus traditam :
unde ad quamcumque mulierem aliquis acce-
dat ex mandato divino, non est adulterium
nec fornicatio.*

En permettant ce qui à nos yeux paraît
une fornication, un adultère, un viol, Dieu
ne fait, en somme, qu'user du souverain
et absolu domaine qu'il a sur le corps de
toutes les créatures. Tout se passe selon les
indications de la nature, et il n'y a aucune
répugnance dans l'acte lui-même. Ce n'est
que l'injure faite à l'enfant qui doit venir, à

l'époux ou à la femme elle-même qui le rend peccamineux.

Au reste, d'après le sentiment commun des docteurs, Dieu a donné une telle permission lorsqu'il a dit au prophète Osée : « Vas t'unir à une femme de mauvaise vie, et fais-toi des enfants de tes fornications. *Vade, sume tibi uxorem fornicationis et fac tibi filios fornicationum* (OSÉE, 1, 2).

Il n'y a, en effet, dans le péché, selon la nature, qu'une malice purement extrinsèque consistant en ce que l'homme use d'un bien qui ne lui appartient pas.

Mais dans la prudence malthusienne, il y a une malice *intrinsèque et essentielle*, consistant dans l'acte lui-même qu'on frustre de sa fin naturelle. Et, par conséquent, Dieu ne peut pas plus faire que cet acte soit permis, même dans un cas particulier, qu'il ne peut faire qu'un cercle soit carré.

Au reste, voici quelques citations et quelques exemples pour faire comprendre l'énormité du mal.

D'abord, c'est Her et Onam successivement mis à mort par la justice divine, parce qu'ils voulaient éviter à leur épouse la maternité. Onam, nous dit la Sainte Ecriture, s'approchant de sa femme, *répandait la semence par terre pour empêcher la génération des enfants*. Et c'est pourquoi le Seigneur le frappa de mort, *parce qu'il faisait une chose détestable. Ille introiens ad uxorem, semen fundebat in terram ne liberi nascerentur. Et idcirco percussit eum Dominus quod rem detestabilem faceret* (GEN.).

Ensuite, ce sont les sept maris de Sara, fille de Raguel, tous successivement mis à mort la première nuit de leurs noces par le démon de l'impureté, parce qu'ils étaient de ceux qui, en entrant dans le mariage, mettaient Dieu de côté pour ne vaquer qu'au plaisir. *Qui conjugium ita suspiciunt ut Deum a se et a sua mente excludant, et suæ libidini vacent.* (TOB., VI, 17.) Aussi, l'ange Raphaël ordonne au jeune Tobie de prendre cette vierge, que ses sept premiers maris n'ont pu souiller, dans la crainte du Seigneur, poussé *par le désir des enfants* plutôt que par l'attrait des plaisirs sensuels. *Accipies virginem cum timore Domini, amore filiorum magis quam libidine ductus.*

Ces exemples terribles avaient fait concevoir au peuple Juif une telle horreur de ce crime qu'il n'y fut jamais pratiqué.

La loi chrétienne n'a rien changé sur ce point à la loi mosaïque ; elle ne le pouvait pas.

Voici ce que dit le premier des papes, saint Pierre : « Epoux, vivez avec vos femmes selon la science chrétienne, *traitant leur sein avec l'honneur qui leur est dû*, n'oubliant pas qu'elles sont cohéritières avec vous de la grâce de vie, et qu'il ne faut porter obstacle ni à vos prières ni aux leurs,

Viri, similiter cohabitantes secundum scientiam, quasi infirmiori vasculo muliebri impartientes honorem, tanquam et cohæredibus gratiæ Dei : ut non impediantur orationes vestræ. (I PETR., III, 7.)

Clément d'Alexandrie nous dit que « tous ceux qui sont unis par le mariage doivent avoir pour but *la procréation des enfants*, car le mariage ne donne pas le droit de répandre l'humaine semence *contrairement aux lois de la nature et de la raison.* » *Qui matrimonio juncti sunt, iis scopus est institutum, liberorum suceptio ; Non est matrimonium inordinata seminis excretio, quæ est præter leges et a ratione alienâ.*

Le rude Tertullien dit à son tour : « Empêcher de naître, c'est tuer à l'avance ; car celui-là est homme qui doit le devenir : tout fruit est dans son germe. »

Enfin, saint Augustin vient avec son génie hors pair et son autorité prépondérante, déterminer et définir toute l'énormité de ce crime. C'est, dit-il, un commerce illicite et honteux, même avec sa légitime épouse, lorsqu'on évite la conception de l'enfant : *c'est une chose abominable avec une courtisane, mais plus abominable encore avec l'épouse. Illicite ac turpiter etiam cum legitima uxore concubitur ubi prolis conceptio devitatur. Exsecrabiliter fit in meretrice, sed exsecrabilius in uxore.* (De conjug. adult.)

C'est donc un péché plus grave que la fornication, l'adultère, l'inceste, le viol : bien plus, celui qui commet ce crime avec sa femme pèche plus gravement que s'il le commettait avec une autre. *Exsecrabiliter fit in meretrice sed exsecrabilius in uxore.*

Et cela se comprend, car le commerce, en dehors du mariage, plaçant la femme èt l'enfant dans des conditions anormales, la suppression de ce dernier y trouve comme une certaine excuse. Mais, lorsqu'on supprime la conception dans le mariage, même ces apparentes et vaines excuses n'existent pas; et je comprends parfaitement la parole de saint Augustin : « C'est abominable avec une courtisane, mais bien plus abominable encore avec son épouse légitime. » *Exsecrabiliter fit in meretrice, sed exsecrabilius in uxore.*

Donc, pour tout résumer en deux mots, les pratiques malthusiennes constituent une faute plus grave que la fornication, l'adultère, l'inceste, le viol, par la raison bien simple que tous ces péchés sont *selon la nature*, tandis que l'autre est *contre nature. Et ce crime abominable avec une courtisane est plus abominable encore avec son épouse.*

Ainsi donc, voilà, je suppose, un *viveur* dans toute la force du terme. Il ne peut voir une femme sans concevoir des désirs mauvais et chercher à les satisfaire. Dieu seul sait tous les adultères et les viols qu'il a commis. Mais il n'use jamais de la prudence malthusienne; il veut se satisfaire toujours jusqu'au bout. Fort comme un taureau, il pratique largement le *croissez et multipliez-vous*. Son épouse enfante tous les ans, et toutes les femmes qu'il *connaît*, de gré ou de force, filles, mariées ou veuves, pourvu qu'elles soient dans les conditions voulues, peuvent se tenir pour assurées d'enfanter neuf mois après.

Evidemment, cet homme est un monstre de luxure. Néanmoins, il *pèche moins gravement que s'il usait de la prudence malthusienne; car, s'il outrage et déshonore les femmes, il respecte au moins la nature.*

Voici maintenant un *honnête commerçant*. Il n'a qu'un fils et ne veut pas en avoir d'autre. Par peur de se tromper, il traite sa femme comme sa sœur. Mais, comme il ne peut se passer des plaisirs de la chair, du consentement de son épouse, il vit avec sa servante, en observant, bien entendu, la prudence malthusienne. Eh bien, cet homme est plus coupable que le viveur précédent, car, en plus que l'autre, il *outrage la nature*, puisque la femme, pour lui, n'est plus *une femme*, c'est-à-dire, *une source de vie*, mais uniquement *et exclusivement un sale instrument d'un sale plaisir. Exsecrabiliter fit in meretrice.*

Supposons, enfin, un *honnête bourgeois*. Il adore son épouse. Pour rien au monde, il ne consentirait à lui être infidèle. Mais il la croit trop faible et trop jeune pour lui faire supporter les douleurs et les fatigues de la maternité..., et, en attendant, il use avec elle de la prudence malthusienne.

Eh bien, le croirait-on? est-ce possible? ce *parfait honnête homme*, à qui on pourrait confier toutes les femmes et les filles du monde sans avoir à craindre un mot, un geste déplacé de sa part, *est plus coupable que ce viveur effréné qui ne manque aucune occasion de semer la vie, que ce commerçant qui, par peur de se tromper avec sa femme, vit malthusiennement avec sa servante*. Inutile de redonner les raisons, le mot de saint Augustin résume tout : *C'est abominable avec une courtisane, mais plus abominable encore avec son épouse. Exsecrabiliter fit in meretrice, sed exsecrabilius in uxore.*

Une dernière remarque pour corroborer et augmenter encore l'énormité du crime malthusien. C'est que tous les péchés de luxure sont des *péchés passionnels*, c'est-à-dire, des péchés commis pour satisfaire la passion. Le malthusianisme seul est un *péché industriel* parce que, seul, il frustre *ex industria* la nature de ses droits et la passion d'une partie de ses jouissances. C'est pourquoi le péché malthusien n'est pas seulement un *péché des sens* consistant dans une certaine jouissance illicite des plaisirs de la chair, c'est aussi et surtout *un péché de*

raison, consistant en ce que la raison, con-
trairement à la loi de Dieu, use d'artifices
qu'elle seule peut trouver.

Et je ne sais pas trop si l'on ne pourrait
pas dire qu'à cause précisément de cette malice extrinsèque, le malthusianisme serait
plus grave que la sodomie et la bestialité
elle-même. Car, après tout, ce qu'on cherche
dans ces péchés, c'est le plaisir, avec tous
ses raffinements si l'on veut, mais, en
somme, c'est toujours le plaisir; tandis que
le malthusien, lui, emploie une très forte
énergie de volonté pour se contenter des
avant-goûts et se retirer au moment de goûter la quintessence du plaisir. Or, s'il est
vrai de dire que toute la malice du péché
consiste dans la volonté, que plus le péché
est volontaire plus il est grave; que plus il y
a lutte contre la concupiscence, plus l'acte
est volontaire; nous serions, ce me semble,
en droit de conclure que le malthusianisme,
étant *le plus contraire à la concupis-*
cence et, par conséquent, le plus volontaire
des péchés de luxure, doit en être par suite
le plus grave, et que ce péché, le plus grave
de tous, est encore plus grave avec son épouse
qu'avec une courtisane. Exsecrabiliter fit in
meretrice sed exsecrabilius in uxore.

Cette pauvre femme, dont je parlais tout
à l'heure, était donc dans une étrange illusion quand elle demandait à son confesseur
s'il avait eu l'audace de vouloir lui faire

croire que le malthusianisme était un péché mortel.

Malheureusement, il est une chose qui n'a pas peu contribué à faire passer ce péché dans les mœurs; c'est la conspiration du silence organisée depuis un siècle par les confesseurs et trop souvent recommandée par certains directeurs de grand séminaire. *Circa usum matrimonii altum servetis silentium.*

C'est pourquoi, après avoir montré toute l'énormité de ce crime, il nous reste à examiner l'influence et l'action du clergé relativement au péché malthusien.

CHAPITRE V

LE MALTHUSIANISME ET LE CLERGÉ

Sommaire. — Obligation pour le clergé d'enseigner la
gravité du crime malthusien. Saint Grégoire-le-
Grand, saint François de Sales, le catéchisme du
Concile de Trente. Bossuet.
Conspiration du silence organisée depuis le commencement du siècle. Le Janséniste s'est tu par austé-
rité, le libéral par relâchement, l'ultramontain par
crainte du péché formel.

S'il est vrai, comme il n'y a pas à en douter, que le malthusianisme est un des plus
graves, sinon le plus grave des péchés de
luxure, il nous semble utile et même nécessaire de savoir ce que le clergé, sel de la
terre, gardien de la morale évangélique, a
fait et fait encore relativement au péché malthusien.

D'abord, il est évident que l'Eglise ensei-
gnante, c'est-à-dire, le clergé, chargée par le
divin Sauveur lui-même « d'enseigner toutes
les nations, de les baptiser au nom du Père
et du Fils, et du Saint-Esprit, et de leur apprendre à observer *tous les préceptes divins,*

Docentes eos servare omnia quæcumque mandavi vobis (MATTH. XXVIII, 20)», doit instruire les fidèles de l'énormité du péché malthusien ; car qui dit tout n'excepte rien. Je ne crois pas devoir insister davantage afin de prouver l'obligation rigoureuse pour le clergé d'enseigner les règles de la morale chrétienne et naturelle sur le mariage comme sur toute autre matière. On n'insiste pas pour démontrer les choses par trop évidentes. Nous allons donc immédiatement examiner si le clergé a bien accompli toutes ses obligations relativement au péché malthusien, s'il l'a fait autrefois, et s'il le fait encore aujourd'hui.

Nous avons déjà cité les paroles de saint Pierre, de Clément d'Alexandrie, de Tertullien, de saint Augustin.

Ecoutons maintenant le pape saint Grégoire-le-Grand, traçant ainsi dans sa Pastorale leur devoir aux pasteurs des âmes : « Les époux doivent être *individuellement* avertis de se souvenir qu'ils sont unis en mariage dans le *but d'avoir des enfants.* » *Nominatim*, admonendi sunt conjuges ut *suscipiendæ prolis* se meminerint causa conjunctos.

Le catéchisme du Concile de Trente recommande également aux pasteurs d'avertir les fidèles qu'ils doivent user du mariage, non pour satisfaire leurs plaisirs, mais pour obtenir *les fins que Dieu lui-même a pres-*

crites. Docendi sunt fideles primum quidem non voluptatis ant libidinis causa matrimonio operam dandam esse; sed eo utendum intra illos fines, qui, ut supra demonstravimus, a Domino præscripti sunt.

Saint François de Sales, dans son *Introduction à la Vie dévote*, consacre deux chapitres aux devoirs des époux. Dans le premier, qui est le 38ᵉ de la 5ᵉ partie, intitulé : *Avis aux gens mariés*, il parle d'une manière générale des obligations résultant de l'état de mariage. Dans le second, qui est le 39ᵉ de la 3ᵉ partie, il trace les règles que doivent suivre les époux pour éviter tout péché dans leurs rapports sexuels. Ce chapitre, intitulé: *De l'honnêteté du lit nuptial*, est un code complet sur la matière, et je ne crois pouvoir mieux faire que de le transcrire presque en entier.

« Le lit nuptial doit être immaculé, comme l'Apôtre l'appelle, c'est-à-dire, exempt d'impudicités et autres souillures profanes. Aussi le saint mariage fut-il premièrement institué dans le paradis terrestre, où jamais il n'y avait eu aucun dérèglement de la concupiscence ni chose déshonnête.

Il y a quelque ressemblance entre les voluptés honteuses et celles du manger; car, toutes deux regardent la chair, bien que les premières, à raison de leur véhémence brutale, s'appellent simplement charnelles. J'expliquerai donc, ce que je ne puis pas dire des unes, par ce que je dirai des autres.

1° Le manger est ordonné pour conserver les personnes ; or, comme manger simplement pour nourrir et conserver la personne est une bonne chose, sainte et commandée ; ainsi, ce qui est requis au mariage pour la production des enfants et la multiplication des personnes est une bonne chose et *très sainte,* car c'est la fin principale des noces.

2° Manger non point pour conserver la vie, mais pour conserver la mutuelle conservation et condescendance que nous nous devons les uns aux autres, c'est chose grandement juste et honnête, --- et de même la réciproque et légitime satisfaction des parties au saint mariage est appelée par saint Paul, *devoir,* mais devoir si grand qu'il ne veut pas que l'une des parties s'en puisse exempter sans le libre et volontaire consentement de l'autre, non pas même pour les exercices de la dévotion ; combien moins donc peut-on s'en exempter pour de capricieuses prétentions de vertu, ou pour les colères et dédains ?

3° Comme ceux qui mangent pour le devoir de la mutuelle conservation, doivent manger librement et non pas comme par force, et de plus s'essayer de témoigner de l'appétit ; ainsi le devoir nuptial doit être toujours rendu *fidèlement, franchement, et tout de même comme si c'était avec espé-*

rance de la production des enfants, encore que pour quelque occasion on n'eût pas telle espérance.

4° Manger, non point pour les deux premières raisons, mais simplement pour contenter l'appétit, c'est chose supportable, mais non pas pourtant louable; car le simple plaisir de l'appétit sensuel ne peut être un objet suffisant pour rendre une action louable; il suffit bien si elle est supportable.

5° Manger, non point par simple appétit, mais par excès et dérèglement, c'est une chose plus ou moins vitupérable selon que l'excès est grand ou petit.

6° Or, l'excès du manger ne consiste pas seulement en la trop grande quantité, mais aussi en la façon et manière de manger. A la vérité, le commerce nuptial qui est si saint, si juste, si recommandable, si utile à la république, est néanmoins en certains cas dangereux à ceux qui le pratiquent; car, quelquefois, il rend leurs âmes grandement malades de péché véniel, comme il arrive par les simples excès; et quelquefois, il les fait mourir par le *péché mortel, comme il arrive lorsque l'ordre établi pour la production des enfants est troublé et perverti* : auquel cas, selon qu'on s'égare plus ou moins de cet ordre, les péchés se trouvent plus ou moins *exécrables, mais toujours mortels*. Car d'autant que la procréation des enfants est la **première et principale fin du mariage**, *jamais* on ne peut loisiblement se départir de l'ordre qu'elle requiert, quoique, pour quelque autre accident, elle ne puisse pas pour lors être effectuée; comme il arrive quand la stérilité ou la grossesse déjà survenue empêche la production et génération; car, en ces occurrences, le commerce corporel ne laisse pas de pouvoir être juste et saint, moyennant que les règles de la génération soient suivies; aucun accident ne pouvant jamais préjudicier à la loi que la fin principale du mariage a imposée.

Certes, l'infâme et exécrable action que Onam faisait dans son mariage était détestable devant Dieu, ainsi que dit le sacré texte du 38ᵉ chapitre de la Genèse; et bien que quelques hérétiques de notre âge, cent fois plus blâmables que les *Cyniques* (desquels parle saint Jérôme sur l'épître aux Corinthiens) aient voulu dire que c'était la perverse intention de ce méchant qui déplaisait à Dieu, l'Ecriture, toutefois, parle autrement et assure en particulier que la chose qu'il faisait *était détestable et abominable devant Dieu.*

Le catéchisme de Bossuet, dans la leçon consacrée au sacrement de mariage, renferme, entre autres choses, les trois demandes et réponses suivantes :

D. Marquez-moi quelques manières défectueuses d'entrer dans le mariage?

R. 1° D'y entrer sans examiner la volonté

de Dieu et *sans connaître les obligations du mariage*. 2° *D'y entrer seulement pour satisfaire la sensualité*. 3° De se marier contre la juste volonté de ses parents.

D. Dans quel dessein doit-on user du mariage?

R. Dans le dessein de *multiplier les enfants de Dieu*.

D. Dites-nous le mal qu'il faut éviter dans l'usage du mariage?

R. C'est de refuser injustement le devoir conjugal; c'est d'user du mariage pour satisfaire la sensualité; *c'est d'éviter d'avoir des enfants, ce qui est un crime abominable*.

Voilà ce que le grand Bossuet, le conseiller des pontifes et le prédicateur des rois, avait cru devoir mettre dans le catéchisme de son diocèse pour le faire réciter *aux enfants qui se préparent à la première communion*.

Le *Rituel de Toulon*, imprimé en 1778, s'exprime en ces termes, relativement à l'usage du mariage :

« Les confesseurs, dans le tribunal, *ne peuvent trop enseigner aux personnes mariées*, que la même crainte de Dieu qu'on doit avoir en se mariant, doit aussi régler tout ce qui concerne son usage. Plus les passions qui y portent sont impétueuses, et plus elles ont besoin d'être retenues par cette barrière sainte et salutaire. On se trompe grossièrement, et l'on ignore les premiers principes de la religion, si l'on s'y croit *tout permis*. La puissance réciproque que l'époux et l'épouse se donnent sur leur corps en contractant le mariage, doit être réglée par la sagesse et la crainte de Dieu, qui est le Maître de l'un et de l'autre. »

Tout dérèglement, opposé à la fin légitime du mariage est un crime horrible ; tout ce qui s'en éloigne est vicieux : ce qui n'y conduit point ne saurait être innocent. Il faut user saintement d'une chose sainte. *Il faut*, dit l'apôtre saint Paul, *traiter le mariage avec honnêteté, et conserver sans tache le lit nuptial.* On ne peut passer les bornes que la pudeur et l'honnêteté y ont prescrites. Lâcher la bride à l'incontinence, et ne chercher dans le mariage qu'à *contenter une passion brutale*, c'est, selon saint Augustin, *se rendre l'adultère de sa propre femme.* Renverser et changer l'ordre que la nature y a établi, *c'est une abomination.* Il n'y a rien de plus honteux, selon saint Jérôme, que d'aimer sa femme avec autant de passion et de dérèglement qu'une adultère.

« Si les confesseurs étaient plus *attentifs à instruire là-dessus les personnes mariées, on n'en verrait pas un si grand nombre vivre tranquillement plusieurs années, et souvent toute leur vie, dans le crime et le désordre.* »

Ces dernières paroles du *Rituel de Toulon* prouvent qu'on n'en était plus au temps de saint Augustin, où l'on donnait aux nouveaux mariés des *tablettes,* c'est-à-dire, comme nous dirions aujourd'hui, un *manuel,* un *tableau synoptique,* dans lequel les nouveaux époux trouvaient tracés tous leurs devoirs. L'esprit janséniste commençait déjà à organiser la conspiration du silence, que devaient continuer plus tard, quoique pour diverses raisons, les libéraux et les ultramontains.

C'est précisément au moment où Malthus fait tous ses efforts pour vulgariser le péché d'Onam et qu'il y réussit au point de lui donner son nom, car l'*Onanisme* est plus connu aujourd'hui sous le nom de *Malthusianisme;* c'est à ce moment, dis-je, où le clergé aurait dû, ce semble, crier plus fort, qu'il commence à se taire et à recommander le silence. *Circa usum matrimoni altum servetis silentium.* « Pour tout ce qui concerne l'usage du mariage, gardez toujours un silence profond, et si l'on vous interroge, dites que ces questions ne vous regardent pas. »

Les tenants du vieux jansénisme ne voulaient pas dans l'église des femmes en mouchoir, faisaient confesser dix à quinze fois avant d'admettre à la communion pascale. Mais, le mariage ne les regardait pas : saint Grégoire le Grand était, sans doute, dans l'erreur, lorsqu'il faisait un devoir aux pasteurs d'avertir *individuellement, nominatim,*

les époux, que l'union conjugale doit avoir
pour but de procréer des enfants, *ut suscipiendæ prolis se meminerint causa conjunctos.*

Mais le scandale, disent-ils, il faut avant
tout éviter le scandale !

Certes, je ne vois où est le scandale de
dire à un jeune époux et à une jeune épouse
que le but principal du mariage est la famille,
et qu'ils ne doivent pas prendre leurs plaisirs tout en évitant la fécondité. Ces choses-
là, ils doivent les savoir, puisque c'est *leur
devoir professionnel.* S'ils les savent, où est
le scandale? S'ils ne les savent pas et qu'ils
doivent être scandalisés en les apprenant, il
faut en conclure, non pas qu'on ne doit pas
les leur dire, mais qu'ils ne doivent pas se
marier.

C'est un principe élémentaire, en effet,
dans la morale chrétienne, que tout homme
qui entre dans un état de vie ou qui reçoit
un sacrement, est tenu d'avoir les disposi-
tions requises et de connaître les devoirs
nouveaux de son nouvel état, c'est-à-dire, la
nature des engagements qu'il prend. Or, à
quoi s'engagent les époux dans le contrat
conjugal élevé par Notre-Seigneur Jésus-
Christ à la dignité de sacrement, sinon à se
livrer mutuellement leur corps pour avoir
des enfants dans la mesure qu'il plaira à la
Providence de leur en donner? Ils peuvent,
sans doute, se priver des plaisirs de la chair.

Mais le mari ne peut le faire sans le consentement de la femme, ni la femme sans le consentement du mari. « Ne vous fraudez pas l'un l'autre, leur dit saint Paul, si ce n'est peut-être d'un mutuel consentement et pour un temps, afin de vaquer à la prière plus à loisir; puis, revenez ensemble, de peur que Satan ne vous tente à cause de votre incontinence. » *Nolite fraudare invicem, nisi forte ex consensu ad tempus, ut vacetis orationi; et iterum revertimini in idipsum ne tentet vos Satanas propter incontinentiam vestram.*

Voilà ce qu'écrivait saint Paul pour le faire lire publiquement à l'assemblée des fidèles de Corinthe, où devaient se trouver, sans doute, des jeunes époux et des jeunes épouses, voire même des jeunes gens et des jeunes filles. Il n'avait pas peur de les scandaliser, parce qu'il savait que la première obligation du chrétien, c'est de connaître son devoir et que, s'il s'en scandalise, c'est qu'il *ne veut pas l'accomplir.*

Au reste, soyons sincères, quel est le jeune homme ou la jeune fille nubile qui ne sache pas que la famille est la conséquence naturelle du mariage. Par conséquent, en le leur rappelant, on ne leur apprend rien de nouveau. En ajoutant que tout ce que les époux peuvent faire pour éviter la famille, constitue une faute très grave, on ne leur en apprend pas davantage. S'ils ne connaissent pas du

tout les pratiques malthusiennes, ils suppo-
seront que le confesseur veut tout simplement leur parler de ce qui peut porter atteinte
à la vie de l'enfant déjà conçu, et ils ne seront pas même amenés à soupçonner qu'on
puisse prendre ses plaisirs tout en évitant
les charges de la fécondité. S'ils connaissent
les pratiques malthusiennes, ils ne les apprendront pas, puisqu'ils les savent ; et, dans
ce cas, il est bon qu'ils sachent qu'elles sont
défendues.

« Mais, me dira un casuiste rempli d'un
saint zèle, c'est là précisément qu'est le scandale. Voilà des jeunes époux qui croyaient
de bonne foi ces pratiques permises. Ils s'y
livraient tout naturellement. Par vos révéla-
tions, vous troublez leur conscience, vous
détruisez leur bonne foi, vous mettez souvent la discorde entre l'homme et la femme,
celle-ci voulant se priver, celui-là ne s'en
sentant pas le courage. Finalement, après
certaines hésitations, on fera comme avant,
et le péché, qui n'était que matériel, vous
l'aurez rendu formel. »

Hélas ! faut-il le dire, là-dessus les Ultramontains ont tendu la main aux Jansénistes gallicans en passant même par les Libéraux.

Les Jansénistes ne permettaient pas aux
prêtres de souiller leurs lèvres par des questions sur de pareilles matières.

Les Libéraux considéraient que ce serait

vouloir imposer aux époux un fardeau trop
lourd, que de les obliger à procréer des enfants *sine limite* sous peine de se condamner
à la continence perpétuelle ; selon leur habitude, ils insinuaient sans trop oser le dire,
la *licéité* des pratiques malthusiennes.

Les Ultramontains, pour réagir contre les
rigueurs jansénistes, étaient chauds partisans du *compelle intrare* ; ils voulaient avant
tout, faire approcher des sacrements. Ils se
disaient : Si nous interrogeons sur ces matières, nous rendrons la confession odieuse
à une foule de personnes, d'hommes surtout. En outre, on ne se corrigera pas. Tout
ce que nous obtiendrons, ce sera de faire
déserter encore davantage les sacrements, et
de rendre formel un péché qui n'était que
matériel. Donc, ne disons rien ; car, même
dans le doute, il faut craindre le péché *formel* plutôt que le *matériel*. *Potius timendum
est peccatum formale quam materiale.*

Et c'est ainsi que depuis le commencement
du siècle, quoique pour des raisons différentes, tous les confesseurs, ou à peu près,
avaient organisé et pratiquaient sur ces matières la conspiration du silence. On était
même allé si loin qu'on avait effacé des vieux
livres de piété (car les nouveaux parlent généralement pour ne rien dire) les divers pas-
sages ayant trait aux devoirs du mariage.

C'est ainsi qu'il m'a été impossible, en dehors des œuvres complètes de saint François

de Sales, de trouver une édition de la *Vie
dévote* contenant les chapitres 38ᵉ et 39ᵉ de la
3ᵉ partie qui renferment les *Avis aux gens
mariés*. La société de saint Augustin a cru
faire un grand acte de courage en éditant le
38ᵉ chapitre qui traite des devoirs des époux
en général ; mais elle s'est bien gardée d'in-
sérer le 39ᵉ que j'ai cité plus haut presque
en entier et qui parle de *l'honnêteté du lit
nuptial*. Et malgré cela, qui sait si quelqu'un
ne l'a pas accusée *de tendances immorales*,
comme le serait très certainement l'auteur de
ce petit opuscule. Quand on a vu certains
saints du vieux Jansénisme traiter jusqu'au
Bréviaire romain de *lecture immorale*, parce
qu'il y est dit que des bourreaux coupèrent
les *mamelles* à la vierge sainte Agathe, il n'y
a pas de raison pour qu'on s'arrête en si bon
chemin.

Quoiqu'il en soit, je puis conclure que depuis un siècle le clergé français, par cette
universelle conspiration du silence, a fait
beaucoup, hélas ! pour faire croire aux époux
que le mariage constitue pour eux comme un
sanctuaire fermé, où ils peuvent se permettre
tout ce qu'il leur plaît. Et je comprends la
rude réponse d'un paysan à un confesseur
audacieux : « Confessez-moi, si vous voulez,
mais ne *m'embêtez* pas davantage par de
telles questions ; si j'ai pris une femme,
c'est pour m'en servir à ma fantaisie, entendez-vous. »

Remarquons cependant que pour garder le silence, les Jansénistes, les Libéraux et les Ultramontains usent de prétextes bien différents. Les Jansénistes se taisent par respect pour le sacerdoce, les Libéraux par relâchement, et les Ultramontains par amour du pénitent. Aussi, tandis que les Jansénistes et les Ultramontains ne cherchent nullement à diminuer l'énormité du crime malthusien pris en lui-même ; les Libéraux, au contraire, en atténuent singulièrement la gravité, au point de le rendre presque tout à fait légitime en certains cas. Et tandis que les époux ne peuvent en aucune façon, s'armer des excuses jansénistes ou ultramontaines pour légitimer leur manière d'agir ; ils s'arment, au contraire, avec empressement des excuses libérales pour se persuader et persuader aux autres que le malthusianisme n'est pas une faute aussi grave qu'on veut bien le dire. Par suite, les excuses libérales devenant les excuses particulières des époux peuvent aussi s'appeler *excuses conjugales*, tandis que les excuses jansénistes et ultramontaines demeurent spéciales au clergé, retiennent forcément le nom *d'excuses cléricales*. C'est pourquoi nous traiterons des excuses malthusiennes en trois chapitres : les excuses libérales ou conjugales que nous subdiviserons en deux : 1° *les excuses féminines* ; 2° *les excuses masculines* ; et 3° enfin, *les excuses cléricales*.

N. B. --- Les paroles qui précèdent ont eu l'heur de mécontenter tout le monde cléri-cal. Les Jansénistes me traitent d'immoral, les Libéraux me taxent de fausseté, les Ul-tramontains d'exagération.

Et d'abord, les Jansénistes me traitent d'immoral. Pour preuve, je n'en veux don-ner que la lettre de l'archiprêtre girondin, docteur en théologie, que j'ai donnée tout entière dans la préface. Je ne m'abaisse pas jusqu'à ramasser ses grossières insultes pour y répondre. Ce bon archiprêtre, lecteur de Zola, me fait souvenir involontairement d'un certain abbé janséniste qui se déguisait en demoiselle pour aller au théâtre assister à des représentations plus ou moins obscènes. Naturellement, il fut reconnu, et un loustic de l'époque lui fit une chanson dont tous les couplets se terminaient invariablement par ces deux vers :

Vous appellerons-nous mademoiselle
Ou monsieur de Saint-Cyran?

Les Libéraux me taxent de fausseté. Voici ce qu'on m'écrit de Paris : « Le chapitre v du livre III de la troisième partie est faux quand il dit que le clergé libéral approuve en quelque sorte le Malthusianisme. Le pa-ragraphe du bas de la page 136 (1) est assuré-ment une fausseté ; car *jamais on n'a vu un prêtre, si libéral soit-il, qui insinue la li-céité des pratiques malthusiennes.* Vous

(1) Première édition de l'ouvrage.

connaissez des libéraux comme j'en connais moi-même ; jamais vous ne leur avez entendu émettre une telle proposition. Je sais bien qu'on permet beaucoup trop facilement l'abord de la Sainte Table à des femmes qui ne sont pas exemptes de péché sous ce rapport ; mais de là à dire que les pratiques sont autorisées, il y a loin. D'ailleurs, ultramontains et libéraux agissent de même, et je crois que l'auteur a grandement tort d'attaquer ainsi une partie *très respectable* du clergé ; il se le mettra à dos. Et quand on écrit un livre aussi scabreux, on devrait veiller à ne pas mettre des affirmations *aussi fausses* et à ne pas contrarier quelqu'un gratuitement. A me voir parler ainsi, vous direz peut-être que je suis libéral. Je ne suis ni libéral, ni ultramontain, je tâche de faire mon devoir sans me rallier à aucune école ; les querelles d'école ont toujours de mauvais résultats. »

Les Ultramontains me taxent d'exagération. Voici ce qu'on m'écrit de Rome : « Vous mettez la tolérance systématique de l'Onanisme sur le compte de l'école ultramontaine. Or, il faudrait ici une distinction, car *toute* l'école ultramontaine n'en est pas là. »

J'aurais compris à la rigueur que certains membres du clergé s'inscrivissent en faux contre l'universelle conspiration du silence que j'attribue aux confesseurs. Mais ce n'a pas été du tout cela. Les Libéraux affirment que je suis dans le faux en prétendant que les leurs *insinuent* la licéité des pratiques malthusiennes et ne protestent nullement contre ce que je dis des Ultramontains. Les Ultramontains me disent que je suis *exagéré* en mettant la conspiration du silence sur le compte de *toute* l'école ultramontaine et, eux aussi, m'abandonnent les Libéraux sans regret.

Je pourrais, à la rigueur, me contenter de cette remarque ; elle seule suffit pour prouver que j'ai raison. Mais, comme je ne tiens nullement à blesser aucun membre du clergé français, donnons quelques explications.

D'abord, j'ai affirmé ceci, c'est que les confesseurs, d'une manière générale, observent sur les pratiques malthusiennes un silence prudent. Je sais cependant qu'il y a toujours eu des exceptions. Je sais que le regretté cardinal Pie, évêque de Poitiers, a prescrit à plusieurs reprises à ses prêtres de se montrer sévères, au risque de faire déserter les confessionnaux et la Sainte Table. Je sais aussi que Mgr Dupanloup, évêque d'Orléans, loin d'insinuer la licéité des pratiques malthusiennes, a protesté plus d'une fois contre la facilité avec laquelle certains confesseurs admettaient les Onanistes aux sacrements. Il y avait donc sur cette matière parfait accord entre les deux grands évêques, jadis regardés comme les chefs, l'un de l'école libérale, l'autre de

l'école ultramontaine. Ils étaient tous les
deux trop intelligents pour qu'il pût en être
autrement.

Mais il n'en est pas moins vrai que, malgré leurs cris d'alarme, la masse des confesseurs a continué de se taire. Voilà le fait
brutal. Comment l'expliquer?

Je me suis dit : Le clergé français se divise
en trois écoles différentes et opposées. Le
clergé *janséniste*, se rengorgeant dans son
austère dignité, à qui j'ai déjà dit son fait, et
qui, bientôt, ne sera guère plus qu'un souvenir; le clergé *libéral*, qui penche plus facilement du côté de la *liberté*; et le clergé
ultramontain qui favorise, au contraire, l'autorité. Je sais bien qu'il y a des prêtres (et
celui qui m'écrit de Paris est du nombre) qui
ne se prétendent ni libéraux, ni ultramontains. Qu'ils me permettent de leur répondre
que la chose est bien difficile. Et, pour moi,
je tiens comme impossible qu'un prêtre, si
savant et si intelligent soit-il, tienne toujours la balance parfaitement égale et ne soit
jamais excessif, soit en faveur de la liberté,
soit en faveur de l'autorité. Bien plus, dans
les relations que j'ai pu avoir avec le clergé,
j'ai trouvé pas mal de prêtres excessifs dans
les deux sens, c'est-à-dire, pour certaines
questions trop favorables à la liberté, pour
d'autres trop favorables à l'autorité. Si le
prêtre de Paris qui défend les libéraux fait
exception à la règle commune, je l'en féli-

cite ; mais, c'est un phénomène si rare, que je désirerais fort faire plus ample connaissance avec lui. Libéraux et Ultramontains restent *orthodoxes* tant que leurs préférences sont restreintes aux *opinions libres*, et ne vont pas jusqu'à fausser ou violenter certains dogmes de notre Foi, ce que, malheureusement, certains Libéraux n'ont pas su éviter.

Ces explications une fois données, pour faire comprendre ce que j'entends par clergé libéral et clergé ultramontain, je me suis tout naturellement expliqué leur manière d'agir, relativement au péché malthusien, par la tendance de chacun aes deux.

Je me suis dit : Si le clergé libéral se tait sur le Malthusianisme, ce doit être parce que, trop favorable à la liberté humaine, il en regarde les pratiques comme en quelque sorte permises ou tolérées. Au reste, pour dire toute la vérité, cette explication, je ne l'ai pas inventée tout à fait *à priori*. Mon honorable contradicteur de Paris n'a trouvé, dit-il, aucun prêtre libéral qui *insinuât* la licéité des pratiques malthusiennes. Moi, profane, le solitaire habitant d'un humble vallon, j'ai été plus heureux. J'ai trouvé des prêtres qui, *ouvertement, excusaient complètement* les femmes du péché malthusien, disant qu'elles pouvaient et même *devaient* se livrer aux époux qui leur épargnaient les embarras de la maternité sans avoir à faire l'ombre d'une

réclamation ou d'une protestation. J'en ai
trouvé d'autres affirmant que la prudence
malthusienne *était permise à l'époux* incapable de nourrir une famille qui augmente-
rait trop rapidement. Par conséquent, en prétendant que le clergé libéral, c'est-à-dire,
outre mesure favorable à la liberté, *insinuait,
dans certains cas*, la licéité des pratiques
malthusiennes, si j'ai été dans le faux, c'est
en ne disant pas tout ce que je savais. Que
mon éminent contradicteur fasse lui-même
discrètement une enquête parmi ses confrères
les libéraux de Paris, et certainement il sera
aussi heureux que moi.

Cependant, je ne ferai pas difficulté d'a·
vouer qu'il y a plusieurs prêtres libéraux en
d'autres points qui ne le sont pas sur celui-
là, et qui suivent dans la direction des âmes
les règles de la morale naturelle et chrétienne. Si mon honorable contradicteur voulait me faire dire cela, c'est fait, et il n'a plus
qu'à me donner un *satisfecit*.

A Rome, moins exigeant qu'à Paris, on ne
me conteste pas le motif que je donne pour
expliquer la conduite des confesseurs ultramontains relativement au Malthusianisme;
mais on voudrait que je fisse une distinction,
car *toute* l'école ultramontaine n'en est pas
à pratiquer la conspiration du silence.

Je ferai d'abord remarquer à l'éminent
théologien de Rome que je ne parle que des
ultramontains français; car j'ignore complè-

tement la manière de faire des confesseurs dans les autres pays. Ensuite, je reconnais volontiers qu'*absolument toute* l'école ul-tramontaine, même en France, n'en est pas là. Je connais certains prêtres et certains religieux, particulièrement de l'ordre de Saint-François, qui, en chaire et au confessionnal, font tout ce qu'ils peuvent pour combattre le fléau malthusien. Malheureusement, c'est la grande exception. Je crois pouvoir affirmer, cependant, qu'un certain mouvement commence à s'opérer dans le clergé, qu'il commence à y avoir un certain nombre de confesseurs moins timides pour apprendre aux fiancés leurs devoirs conjugaux et pour interroger les époux sur l'usage du mariage. Puisse ce petit livre donner du courage à ceux qui en manquent encore; puisse l'exception devenir bientôt la règle.

En attendant, nous allons examiner et réfuter les excuses féminines.

CHAPITRE VI

LE MALTHUSIANISME ET LES EXCUSES FÉMININES

SOMMAIRE. — Réponse de saint Paul. — Effroi nature de la jeune femme ; peur de mourir en couches grossesses multiples ; multitude d'enfants. C'est dur, mais c'est la loi. Les Canadiennes. La spéciale expiation de la faute originelle. La femme sous la puissance de l'homme. Ou enfanter sur la terre ou brûler dans l'enfer. Mais je laisse faire mon mari comme il veut ? Mais il ne m'écoute pas ? Mais il insiste ? Mais il exige ? Mais il promet et ne tient pas ! Le casuiste fin de siècle. Divers cas de conscience.

A toutes ces excuses libérales ou conjugales tirées des embarras et des charges de la famille, saint Paul a répondu lorsqu'il a dit dans son épître aux Corinthiens : « *Les époux auront en partage la tribulation de la chair.* » *Tribulationem carnis habebunt hujusmodi.*

L'alternative est inéluctable : *ou se contenir ou féconder, aut abstinendum aut fecundandum.* Je l'ai déjà surabondamment démontré, sans cette harmonieuse combinaison de l'obligation et du plaisir, Dieu n'aurait pas suffisamment pourvu à la propagation de l'espèce humaine.

« Mais, dira peut-être une jeune femme pure (oiseau rare aujourd'hui) à peine relevée de ses premières couches, je ne demanderais pas mieux qu'à m'abstenir. Malheureusement, je ne suis pas seule. Il n'y a pas encore quinze jours que j'ai enduré les atroces douleurs de l'enfantement. Jusqu'ici mes gémissements et mes larmes ont arrêté mon mari, mais je sens que bientôt la résistance ne sera plus possible, et si je ne l'acceptais de plein gré, il me faudrait peut-être le subir de force. Voulez-vous donc que tous les ans je mette un fils au monde? J'en suis à moitié morte et certainement j'en mourrais, si cela devait se renouveler si souvent!... Et puis, qui allaiterait mon enfant? car, enfin, vous savez bien que la femme ne peut pas être en même temps enceinte et nourrice sans préjudice pour la santé de la mère et des enfants!... Non, ce n'est pas possible, Dieu n'a pas pu m'imposer un fardeau si lourd qui serait et ma mort et celle de mon enfant! »

Voilà une difficulté qui court les rues. Et comme pour la résoudre, il faut faire une excursion assez longue dans le domaine de la *physiologie*, je demande d'avance pardon au lecteur des détails que je vais être obligé de donner.

Certes, je l'avoue, c'est terrible pour une jeune épouse de dix-sept ou vingt ans, qui vient de subir le douleurs d'un premier enfantement, que de se mettre en face d'une maternité qui se renouvellerait tous les neuf mois jusqu'à l'épuisement complet de sa fécondité, c'est-à-dire, souvent jusqu'à l'âge de quarante-cinq ans et parfois au-delà. Elle savait bien qu'en entrant dans le mariage elle courait la chance d'être mère. Mais elle espérait, si elle était pure et n'avait pas connaissance des pratiques malthusiennes, que son époux, après lui avoir donné un premier baiser, ne se presserait pas de lui en octroyer un second. Aussi les assiduités de son époux l'ont d'abord étonnée. Ensuite la grossesse étant survenue, elle a eu hâte de l'annoncer à son mari qui, à sa grande surprise et à sa grande peur d'un avortement, n'en a pas moins persévéré dans ses embrassements, continuant toujours jusqu'à la veille de l'enfantement, malgré toutes les douleurs qu'il lui faisait endurer, surtout dans les derniers mois.

Et voilà maintenant qu'avant même qu'elle quitte son lit de souffrance, son époux impitoyable, sans nul respect pour sa faiblesse et sa langueur, sollicite d'elle un nouveau baiser et menace enfin de la violer.

Je comprends que la jeune femme troublée, surexcitée, anéantie, implore son époux et le supplie avec larmes de lui éviter les charges d'une nouvelle maternité. Et alors, l'époux, quelquefois uniquement pour avoir ses entrées plus libres, lui fait connaître les pratiques de la prudence malthusienne. — Et la femme, seulement à moitié rassurée, cède en tremblant, et prend de son côté toutes les précautions possibles pour éviter une nouvelle fécondation.

Et c'est ce qui explique pourquoi, dans certains pays, un jeune homme bon chrétien trouve difficilement à se marier, même auprès des jeunes filles pieuses, des congréganistes. On a dit à celles-ci : « *Si vous prenez un homme qui se confesse, un clérical, gare aux enfants !* » Et comme les jeunes filles, même congréganistes, ne tiennent pas du tout à avoir beaucoup d'enfants, elles préfèrent un jeune homme non pratiquant qui, tout en leur laissant suivre leur piété, prendra sur lui la responsabilité des pratiques malthusiennes. Ces femmes se plaindront ensuite à leur confesseur de ce que leur mari refuse de s'approcher des sacrements, elles feront même des neuvaines pour leur conversion. Mais, comme le disait un jour le R. P. Damase à de jeunes épouses tertiaires, « *elles seraient bien attrapées si le bon Dieu les prenait au mot* ».

Il faut répondre à ces plaintes de l'*égoïsme féminin*, que, généralement parlant, une femme ne peut pas redevenir mère aussitôt après son enfantement ; qu'elle ne peut être *de nouveau fécondée* que lorsque réapparaissent *les règles mensuelles* : ce qui n'arrive ordinairement que *six mois* après les couches pour les femmes qui allaitent elles-mêmes leurs enfants, ce qui peut arriver *deux mois* après pour celles qui ne les nourrissent pas.

Or, une femme d'une santé ordinaire, peut sans grave inconvénient, ni pour elle ni pour ses enfants, continuer l'allaitement pendant les quatre premiers mois d'une nouvelle grossesse. Je pourrais citer plusieurs exemples de femmes qui ne se sont jamais mieux portées, avaient des poupons à ravir et ont mis au monde des enfants magnifiques.

Il suit de là qu'une femme rendue enceinte le plus tôt possible, c'est-à-dire, six mois après ses couches, pourrait encore allaiter son enfant pendant quatre mois, ce qui fera en tout dix mois d'allaitement. Or, à dix mois, tout enfant est assez fort pour être sevré. C'est ce que supposent implicitement les Conseils généraux de divers départements qui accordent aux mères nécessiteuses un secours mensuel de dix francs pendant dix mois à partir du jour de l'enfantement. Donc la jeune femme peut *recevoir* son époux sans crainte de tuer son enfant.

Elle ne se tuera pas plus elle-même. Qu'elle écoute cette simple parole du docteur Bergeret : « La fécondation et les grossesses fortifient, tandis que la stérilité dessèche et flé-trit ; et la mère qui a mis au monde *huit ou dix enfants*, paraîtra jeune à côté de celle qui a sacrifié seulement *quelques années aux folles extravagances de la luxure.* »

Mais que les femmes n'oublient pas que la fécondation et les grossesses ne fortifient qu'à la condition que cette fécondation ne sera pas le résultat *d'une erreur, d'un oubli momentané.* Dans ce cas, en effet, *le produit n'est qu'un produit rachitique épuisant le sein de la mère, comme la semence jetée sans engrais, pousse mal sur un sol qu'elle épuise.* C'est ce qui explique la dégénérescence des enfants et l'épuisement des femmes. Car, ne l'oublions pas, sur cent familles nombreuses, il y en a au moins quatre-vingt-dix dans lesquelles les époux *se sont trompés !*

Il faut cependant avouer que la règle générale donnée plus haut touchant les six mois requis pour rendre possible une nouvelle fécondation, souffre d'assez nombreuses exceptions. Il arrive parfois que, par suite de conditions particulièrement favorables de l'homme, de la femme ou des deux ensemble, celle-ci est de nouveau fécondée le second ou même le premier mois après ses couches.

Dans un village que je pourrais nommer, un homme se mariait le 14 janvier 1891. Le 14 septembre de la même année, c'est-à-dire huit mois après, naissait un enfant avant terme qui ne tardait pas à mourir. Le 1er juillet 1892, c'est-à-dire, guère plus de neuf mois après la première couche, arrivait un nouvel enfant, à terme et qui vit encore. Quoique mon champ d'observation soit assez restreint, je connais bon nombre d'exemples semblables. En outre, malgré l'universalité des pratiques malthusiennes, je n'ai pas mal trouvé de frères et de sœurs n'ayant pas plus de dix mois l'un que l'autre. Ces exemples, relativement assez fréquents, sont bien faits pour épouvanter les jeunes femmes. Il suffit d'un seul cas dans une contrée pour faire craindre à toutes, selon l'expression de l'une d'elles, *d'avoir des enfants comme des mouches.*

C'est également, à mon humble avis, une erreur d'affirmer avec certains physiologistes que, même sans faire nul usage des pratiques malthusiennes, il n'y aurait qu'une *moyenne de quatre enfants par famille.*

Je crois qu'en dehors des femmes stériles, soit d'elles-mêmes, soit du fait de leur époux, et de celles dont un accident arrivé en couches ou ailleurs, arrêterait la fécondité, je crois, dis-je, que toute femme mariée aux alentours de sa vingtième année, mettrait au monde au moins dix à douze enfants. Ce qui me le démontre en dehors de toute donnée scientifique, c'est que la plupart des femmes qui perdent leurs enfants dans l'année qui suit leur naissance et dont les époux veulent à tout prix un héritier, atteignent ordinairement ce chiffre et souvent le dépassent, quoique le nouvel enfant n'arrive jamais moins de neuf mois après la mort du précédent.

Plusieurs même, favorisées par la nature et surtout par leur époux, dépasseraient la vingtaine. Il s'en trouverait peut-être qui prouveraient par leur exemple que la reine Hécube pût bien autrefois donner *cinquante enfants* au roi Priam.

A la fin du siècle dernier, on présenta à l'impératrice Catherine II un paysan russe marié quatre fois et père de *quatre-vingt-dix enfants*. Sa première femme, *en vingt ans, avait eu vingt-trois couches et lui avait donné cinquante-quatre enfants* : la reine Hécube était dépassée.

Les trois autres femmes avaient eu, comme la première, l'avantage d'avoir des grossesses doubles, triples, et même quadruples.

En un mot, pour parler clair et net, je crois que la plupart des femmes, en suivant les lois de la nature, seraient constamment ou peu après, enceintes ou nourrices, et cela depuis leur mariage jusqu'à l'âge de quarante à quarante-cinq ans; certaines même auraient de temps en temps l'avantage d'être simultanément l'une et l'autre à la fois. Et il faut avouer que tout cela est rude pour une femme qui veut *prendre ses aises et s'amuser*.

Mais qu'elle n'oublie pas que la tribulation de la chair est la conséquence *naturelle
et nécessaire* du mariage et qu'elle doit en
prendre son parti sous peine de *damnation
éternelle*. *Tribulationem carnis habebunt
hujusmodi.*

Hélas! si la femme française était chrétienne, comme on le dit et comme elle le
paraît, elle ne redouterait pas tant la maternité. Elle saurait et croirait que c'est là son
salut. Elle saurait et croirait que le rôle de
la femme c'est de *faire* de bons citoyens à
l'Etat, de bons chrétiens à l'Eglise et des
saints pour le Paradis. Elle saurait et dirait,
de cœur sinon de bouche, cette prière que
saint François de Sales recommandait aux
femmes enceintes :

« O Dieu éternel, Père d'une infinie bonté,
qui avez ordonné le mariage pour multiplier
les hommes ici-bas, repeupler la céleste cité
là-haut, et avez principalement destiné notre
sexe à cet office, voulant même que notre fécondité fût une des marques de votre bénédiction sur nous; me voici prosternée devant
la face de Votre Majesté que j'adore, vous
rendant grâce de la conception de l'enfant
auquel il vous a plus de donner l'être dans
mon sein ! »

Et si la femme française était vraiment
chrétienne, sa fécondité, en se renouvelant,
ne ferait que rendre ses remerciements plus
ardents. Elle ferait ce que fait encore sa sœur

du Canada, qui ne reste presque jamais au-
dessous de *la douzaine* et va souvent jusqu'à
vingt et même *trente*.

Au Canada, en effet, dans cette *Nouvelle
France*, où l'esprit du mal n'a pas encore
accompli tous les progrès infernaux qui nous
tuent, ce sont les vieilles familles françaises
qui peuplent le pays. Il y a quelques années, le gouvernement canadien ayant offert
cent acres de terre à tout chef de famille
ayant *douze enfants légitimes vivants*, les
demandes ont afflué, et quatre familles,
toutes quatre françaises, se sont présentées
avec *vingt-un*, *trente-quatre*, *trente-cinq* et
trente-sept enfants.

Et la femme n'en meurt pas, et ses enfants ne meurent pas plus que les autres, et
elle ne trouve pas son fardeau trop lourd,
parce que son plaisir, c'est de soigner ses
enfants.

Ce n'est donc pas impossible, puisque la
Canadienne le supporte aussi bien que la
Chinoise qui, elle aussi, enfante tous les ans.
Que la femme française se répète donc cette
parole de saint Augustin dite dans un autre
sens : « *Ce qu'elles peuvent, ne le pourrais-
je pas.* » *Non potero quod istæ.*

Naguère Mgr Labelle, ministre de l'agriculture à Québec, dans une conférence à
Paris, invitait ironiquement les dames françaises à suivre l'exemple de leurs sœurs canadiennes.

Eh bien! que celles qui sont chrétiennes ou qui ont tout simplement du sang dans les veines, le prennent au mot. Sans doute, au milieu des douleurs de leurs multiples enfantements, elles seront peut-être tristes en comparant leur sort à celui de celles qui n'enfantent pas. Mais, lorsqu'elles verront leur nombreuse famille faire le bonheur et l'honneur de leur foyer, elles ne se souviendront plus de leurs douleurs; tandis que les autres, celles qui n'ont pas voulu enfanter, languiront dans la tristesse et la solitude, brutalisées par un enfant unique ou des héritiers quelconques soupirant après leur mort.

Ainsi se vérifiera dans un certain sens, la parole du Sauveur : « La femme, quand elle enfante, est dans la douleur, parce que son heure est venue; mais plus tard, elle ne se souviendra plus de ses douleurs lorsqu'elle contemplera avec orgueil les beaux rejetons sortis de son sein. » *Mulier, cum parit, tristitiam habet, quia venit hora ejus; quum autem pepererit puerum, jam non meminit pressuræ propter gaudium, quia natus est homo in mundum* (JOAN., XVI, 21).

Au reste, que la femme n'oublie pas que c'est là son *spécial châtiment* et sa *spéciale expiation* de la faute originelle. Dieu dit, en effet, à la première femme : « *Je multiplierai tes conceptions et tes douleurs. Multiplicabo ærumnas et conceptus tuos;* et selon l'énergie du texte hébreu : *Multiplicans multiplicabo*. *Multipliant je multiplierai*, ce qui indique et la *certitude* et la *multitude* des conceptions et des douleurs promises à la femme. Puis, Dieu ajouta : « *Tu enfanteras des enfants dans la douleur.* » *In dolore paries filios.* « *Tu seras sous la puissance de l'homme et il te dominera.* » *Sub viri potestate eris et ipse dominabitur tui* (GEN., III, 16).

C'est, en effet, surtout sous le rapport de la procréation que la femme est sous la puissance de l'homme et que l'homme la domine ; puisqu'elle est à sa complète discrétion, dans ce sens qu'elle peut toujours être fécondée et qu'elle est physiquement incapable d'éviter *les approches* d'un homme résolu. Sans doute, il peut y avoir des exceptions ; il y a telle femme qui se débarrasserait fort bien de tel homme. Mais je crois cependant qu'il n'y a pas de femme, même des plus vigoureuses, qui ne puisse trouver *son maître*.

C'est la femme, en effet, qui a fait tomber l'homme, il est bien juste qu'elle soit dominée par lui.

Un Père de l'Eglise a dit : *Aut pœnitendum, aut ardendum, ou faire pénitence ou brûler*. Pour la femme, Dieu a spécialisé sa pénitence, et l'on peut et doit lui dire : *Aut pariendum aut ardendum, ou les enfants sur la terre, ou l'enfer dans l'éternité*. Sans doute, lorsqu'il y a péril évident de mort, la femme peut refuser, et l'époux doit se considérer comme veuf. Mais, en dehors de ce cas très rare, la loi de l'expiation pour la femme doit se formuler ainsi : *Aut pariendum aut ardendum ; ou faire des enfants sur la terre ou brûler dans l'enfer.*

Les Libéraux, en voulant supprimer ou diminuer pour la femme les charges de la maternité, vont donc directement contre la parole du Seigneur : *Je multiplierai tes conceptions et tes douleurs. Multiplicabo ærumnas et conceptus tuos.* Ils manifestent pour elle, selon leur habitude, une *charité satanique* qui lui ouvre toutes larges les portes de l'éternelle damnation.

Donc, les Libéraux ont tort ici comme ailleurs; et *la femme doit accepter, sinon avec reconnaissance, au moins avec résignation tout le fardeau de la maternité.*

La difficulté physiologique de l'égoïsme féminin me semble complètement résolue; et il n'y aurait plus rien à ajouter si bon nombre de femmes ne cherchaient de vains subterfuges pour se décharger sur leur époux du crime malthusien, tout en continuant à jouir ainsi des avantages et des aises de l'infécondité.

Voici d'abord ce que me dira une femme *relativement* pure, qui a conservé la foi et ne veut pas se damner. « Eh bien, soit, puisqu'il le faut, j'accepte la maternité; j ne ferai rien, je ne dirai rien, je serai purement passive, mon époux agira comme il lui plaira. »

Et vous croyez ainsi, pauvre femme, faire un acte extraordinaire d'héroïsme et vous sauver à si bon marché! Etrange erreur! singulière illusion! Quoi donc! peut-être depuis votre mariage votre mari ne vous a pas *connue une seule fois* sans que vous lui ayiez recommandé de vous éviter la fécondité! la peur d'être mère a fait que jusqu'ici vous lui avez laissé à peine le temps de faire une halte dans votre sein. Et après avoir pendant plusieurs années rempli auprès de votre époux l'office de Satan, aujourd'hui vous croiriez suffisant de vous contenter de ne rien dire et de ne rien faire? Vous ne savez donc pas qu'en toutes choses il faut expier et réparer au moins autant qu'on a péché! Vous disiez à votre mari que vous ne vouliez pas d'enfants, il faut lui dire que vous les acceptez, voire même que vous les désirez; vous lui accordiez vos faveurs en tremblant, lui laissant à peine le temps d'en jouir, il faut les lui accorder avec empressement et affection, lui témoignant par vos paroles et par vos actes que vous voulez *qu'il jouisse jusqu'au bout*. En un mot, si vous voulez éviter l'éternelle damnation et réparer vos fautes, *il faut que vous fassiez pour obtenir des enfants autant et plus que vous n'avez fait pour les éviter*. Sans cela, vous aurez beau faire et beau dire,

vous resterez toujours souillée du crime malthusien.

« Eh bien! c'est cela, me dit triomphale-
ment une autre épouse, je suis parfaitement
de votre avis, n'ayant jamais rien fait ni rien
dit, je n'ai rien à faire ni rien à dire. J'ai toujours laissé mon mari libre. Au commencement du mariage, il a voulu avoir deux enfants, je l'ai laissé faire. Maintenant qu'il les
a, il n'en veut pas d'autres, je le laisse faire
encore. Par le mariage, j'ai donné mon
corps à mon époux pour qu'il en fasse ce
qu'il voudra. S'il pèche, tant pis pour lui;
*je suis purement passive, cela ne me regarde
pas.* »

O femme! pour *qui* ou plutôt, pour *quoi*
vous prenez-vous? Votre corps, dites-vous,
appartient à votre époux, il peut en faire ce
qu'il veut? — Mais que penseriez-vous si
votre époux, à l'exemple de ce *vertueux* Romain qui s'appelait *Caton*, louait votre corps
à un nouvel Hortensius *pour qu'il en épui-
sât la fécondité, visceribus lassis?* Seriez-
vous *purement passive*, et recevriez-vous ce
viveur effréné que votre mari jetterait dans
vos bras en disant flegmatiquement : *Cela
ne me regarde pas?*

Et cependant, le péché d'adultère est moindre que le péché malthusien, et le péché malthusien est moindre avec un viveur qu'avec
son époux.

Par conséquent, si vous ne reconnaissez

pas à votre époux le droit de vous faire féconder par un autre, il peut encore moins vous livrer à un viveur malthusien et moins encore user du malthusianisme avec vous. *Exsecrabiliter fit in meretrice, sed exsecrabilius in uxore.*

Donc, si vous ne pouvez accepter de votre époux ni l'adultère ni le viveur malthusien, vous pouvez encore moins l'accepter lui-même, et, si vous l'acceptez, vous êtes comme lui, coupable du péché de Malthus.

Le sein de la femme n'est pas, comme d'aucuns ont l'air de le dire, un récipient quelconque pouvant servir indifféremment à toutes sortes d'usages : *il n'a qu'un seul usage naturel et légitime, recevoir l'humaine semence pour la faire fructifier.* Tout le reste est *contre nature* et, si la femme s'y prête d'une manière plus ou moins volontaire, elle commet toujours, sauf l'exception que nous mentionnerons plus loin, un *très grave péché mortel;* puisqu'elle consent *à perdre sa dignité de femme pour n'être plus qu'un vil instrument d'un vil plaisir.*

Que faut-il donc faire? — Il faut que l'épouse dise à l'époux, qu'elle ne peut pas se laisser ravaler de la sorte, qu'elle veut conserver sa dignité de femme, etc... *Et finalement, si l'époux ne veut pas lui promettre un rapport fécondant, il faut qu'elle refuse nel tout rapport malthusien.*

Cette conclusion, logique cependant, pa-

raîtra évidemment raide à plus d'un et surtout *à plus d'une;* et j'entends tout le petit
cortège des bonnes femmes timorées (car les
autres se moquent de moi) qui se lamentent
et qui me disent : « Mais mon époux me battra? Mais il me fera violence? Mais il ira
ailleurs? Mais il me chassera? Mais le scandale? Mais il promet et ne tient pas? » Et autres choses semblables.

Mais votre époux vous battra? Tant pis
pour lui et tant mieux pour vous. Ce n'est
pas un péché d'être battue; c'est, au contraire,
un mérite, quand on l'est injustement. Et
c'est un crime d'accepter un *rapport malthusien,* à moins toutefois qu'elle ne soit trop
battue, comme nous le dirons bientôt.

Mais votre époux vous fera violence? Encore une fois, tans pis pour lui et tant mieux
pour vous; il n'y a pas de faute quand il n'y
a pas de volonté... Et puis, permettez-moi
de vous donner un petit conseil. Résistez
d'abord tant que vous le pourrez, c'est votre
rigoureux devoir. Mais, une fois que votre
époux aura pris, malgré vous, possession de
votre sein, oh! alors, ne résistez plus, tout
au contraire, prêtez-vous à ce que l'union
soit la plus intime possible; usez de bonnes
paroles, de caresses..., employez, en un mot,
tous vos artifices de femme à garder votre
époux jusqu'au bout; c'est aussi *votre rigoureux devoir.* Et je vous assure que, si vous
suivez *consciencieusement* ce conseil, vous

aurez bientôt un *véritable époux*, à la place d'un *sale malthusien*. Les hommes assez passionnés pour violer une femme, consentent assez facilement à satisfaire complètement leur passion.

Mais votre époux ira ailleurs? A vous de l'en empêcher par tous les moyens possibles; d'ailleurs, l'adultère est moindre que le péché malthusien; et, éviterait-il la fécondité avec sa concubine, le péché serait moins grand qu'avec vous.

Mais il vous chassera? Laissez-vous chasser. Mieux vaut encore pour *votre honneur*, sans parler de votre salut, mendier votre pain et celui de vos enfants pour conserver votre dignité de femme et d'épouse.

Mais le scandale? Ah! voulez-vous que je vous dise où est le véritable scandale? Il est dans ces prétendues dévotes qui, tout en fréquentant les sacrements, vivent tranquillement, et *quasi publiquement*, avec un époux malthusien. Quoi donc? un scandale qu'une épouse battue, violentée, abandonnée, chassée pour n'avoir pas voulu se prêter au crime de Malthus? Ah! que je serais heureux qu'un pareil scandale se renouvelât souvent; qu'on sût *publiquement* que telle femme a été battue, violentée, abandonnée, chassée, pour n'avoir pas voulu coopérer au péché malthusien! Ce serait *l'héroïsme du devoir*, héroïsme obligatoire, sans doute, comme autrefois le martyre! Cet héroïsme serait beaucoup plus efficace pour détruire le péché d'Onan que toutes les dissertations, même académiques ; nous reviendrions bien vite aux familles prolifiques, et l'on pourrait dire, modifiant un peu les paroles de Tertullien : *L'héroïsme des femmes, semence de chrétiens*.

Mais votre époux promet et il ne tient pas ? Insistez toujours davantage. Et puis, faites ce que je recommandais à la femme violentée, *employez tous les moyens*. Que si rien ne réussit, après un certain nombre d'expériences, *refusez net* jusqu'à ce que vous compreniez que la promesse est *sérieuse*.

Remarquons toutefois que si l'époux, avant l'union conjugale, prenait la *précaution*, assez commune aujourd'hui, de rendre impossible toute fécondation ; alors, évidemment, les actes démentiraient les paroles, et il ne serait pas permis à l'épouse de l'accepter, même une première fois.

Donc, pour tout résumer en deux mots, dans le péché malthusien, la femme ne peut pas se contenter du *silence*, il faut qu'elle *parle*, il faut qu'elle *agisse*, il faut qu'elle *demande*, il faut qu'elle *exige*, il faut qu'elle *refuse*.

Il est un seul cas où il lui soit permis d'être *purement passive* comme dans un cas pareil d'adultère. Une femme, menacée de mort ou de mutilation grave et sans espoir d'être secourue à temps, peut *laisser faire* un homme qui veut abuser d'elle, parce qu'elle permet un mal moindre pour en éviter un plus grand.

Pour la même raison, une femme menacée de mort ou exposée à de mauvais traitements équivalents à la mort, peut laisser faire un époux malthusien. Mais elle doit manifester d'une manière ou d'une autre toute son horreur pour un tel crime, et employer tous les stratagèmes afin que son époux se *trompe*, au risque de passer elle-même pour infidèle.

Comme une telle doctrine heurte de front une foule de préjugés reçus et que je ne me crois nullement en droit d'imposer aux autres ma manière de voir, j'estime utile de citer quelques décisions de la S. Pénitencerie qui confirment, à mon humble avis, les règles que je viens de tracer. Aux lecteurs et aux lectrices de juger si je me trompe.

Première consultation. — 1. Peut-elle recevoir l'absolution une femme qui supporterait à la vérité que son époux agisse bien, mais qui désire ardemment que l'homme se retire, parce qu'elle redoute la maternité?

2. Peut-elle recevoir l'absolution une femme qui par *ses caresses* pourrait obtenir que l'époux *reste*, mais ne le fait pas, parce que cette union conjugale lui déplaît?

La S. Pénitencerie, après avoir bien examiné les doutes proposés, répond : *Négativement*, c'est-à-dire, que la femme, dans l'un ou l'autre de ces deux cas, *ne peut pas recevoir l'absolution*.

1. An possit absolvi mulier quæ pateretur

equidem virum, si recte ageret in copula conjugali, vehementer autem desiderat ut se retrahat vir, quia mulier illa prolem habere formidat.

2. An possit absolvi mulier quæ in copula conjugali posset suis blanditiis obtinere a viro quod non se retraheret, et non facit quia illa copula sibi displicet.

S. Pœnitentiaria, perpensis dubiis propositis, respondet : *Negativè*.

Datum Romæ in S. Pœnitentiaria die 27 maii 1847.

Deuxième consultation. — Les époux qui usent du mariage de manière à éviter la conception, font-ils un acte moralement mauvais par lui-même?

La S. Pénitencerie, après avoir bien examiné la question proposée, répond :

Comme tout le désordre de l'acte vient de la malice du mari qui, au lieu d'achever, se retire; — si la femme, après avoir fait les monitions nécessaires, n'obtient rien, et que l'époux insiste, la menaçant de blessures ou de mort, elle pourra sans péché, comme l'enseignent les bons théologiens, *laisser faire simplement*, et cela, pour un motif grave qui l'excuse, parce que la charité qui lui fait un devoir d'empêcher le mal, ne l'oblige pas avec un si grand inconvénient.

An conjuges qui matrimonio eo utuntur modo ut conceptionem præcaveant, actum per se moraliter malum exerceant?

. S. Pœnitentiaria, mature perpensa proposita quæstione, respondet : — Cum tota actus deordinatio ex viri malitiæ procedat, qui loco consummandi, retrahit se et extra vas effundit; — ideo, si mulier, post debitas admonitiones, nihil proficiat, vir autem instet, minando verbera aut mortem, poterit ipsa, ut probati theologi docent, citra peccatum *simpliciter permittere*, idque ex gravi causa quæ eam excuset; quoniam caritas, qua illud impedire tenetur, cum tanto incommodo non obligat.

Datum Romæ in S. Pœnitentiaria die 8 junii 1842.

Que les femmes *honnêtes* et *chrétiennes* réfléchissent sur ces deux réponses de la S. Pénitencerie : elles y trouveront sans peine tout ce que je leur ai dit sur leur part de responsabilité dans le péché malthusien ; elles y trouveront, en deux mots, tracés tous leurs devoirs.

Que s'il leur reste encore quelques doutes sur certains cas particuliers, qu'elles consultent sans feinte, mais en toute simplicité un confesseur qui ne soit pas trop *fin de siècle*.

Je croyais, en effet, en avoir complètement fini avec les excuses féminines, lorsque je vois un casuiste fin de siècle accourir au secours de la femme aux abois. Il proteste d'abord contre la similitude établie entre l'adultère et le péché malthusien.

« Toute la malice du Malthusianisme, dit

il, consiste dans le retrait du membre viril, toute la malice de l'adultère dans son introduction. C'est pourquoi, toute la malice du péché malthusien est dans le mari qui se retire, la femme n'y participe nullement, tandis que la femme participe à l'adultère en laissant libre passage à un autre qu'à son époux. »

Cette raison pourrait à la rigueur être bonne pour un cas de malthusianisme isolé et accidentel où la femme ignorerait ce que son époux veut faire. Mais avec le Malthusianisme ordinaire, tel qu'il se pratique, élevé à l'état d'une institution matrimoniale, le membre viril reste bien, sans doute *matériellement*, le véhicule naturel de l'humaine semence, mais *formellement* et *intentionnellement*, ce n'est plus qu'un instrument quelconque destiné à provoquer chez la femme des sensations voluptueuses. Et comme c'est surtout l'intention qui spécifie l'action, la femme, connaissant l'intention de son époux, ne peut pas plus accepter son membre viril qu'elle ne peut accepter un instrument quelconque de masturbation ; car encore une fois, le membre viril d'un époux malthusien *effectivement* et *réellement* n'est pas autre chose.

Mais le casuiste fin de siècle ne se tiendra pas pour battu ; il ergotera sur des pointes d'aiguilles afin de tranquilliser une de ses chères Philothées sur le cauchemar du péché malthusien. « Ma fille, lui dira-t-il, toute la malice de l'acte dans son début vient de la mauvaise intention de votre époux, l'acte en lui-même est pour le moins indifférent. Que vous sachiez ou non les intentions de votre conjoint, peu vous importe, vous n'avez pas à vous en préoccuper. En acceptant votre époux, vous coopérez à un acte matériellement bon. Vous pouvez le faire, comme un maître d'hôtel peut, le vendredi, servir de la viande à tous ceux qui lui en demandent sans s'enquérir de leur intention bonne ou mauvaise. »

Le casuiste fin de siècle ne voit qu'une chose dans le péché malthusien : la masturbation du mari. En réalité, il y a dans le Malthusianisme quatre énormes péchés mortels, tous les quatre contre nature, deux pour chacun des conjoints. L'époux se masturbe lui-même et provoque par ses attouchements la masturbation de son épouse, l'épouse se laisse masturber et provoque, ou au moins rend plus complète par ses attouchements, la masturbation de son époux.

La femme, en acceptant l'époux malthusien, accepte une cause prochaine et réciproque de masturbation. L'intention mauvaise de l'époux change la nature *physique actuelle* du membre viril qui n'est plus actuellement et physiquement qu'un instrument de masturbation. Que demande, en effet, l'époux à l'épouse quand il lui demande des rapports malthusiens, sinon la permission de la masturber et de se masturber lui-même.

Et comme la masturbation est un crime plus grand que l'adultère, il faut à la femme pour accepter l'époux malthusien une raison plus grave que pour laisser faire l'homme adultérin.

La comparaison de l'hôtelier qui peut servir de la viande un vendredi sans se préoccuper des intentions de ses hôtes, n'est vraiment pas à sa place. En effet, d'abord la loi de l'abstinence est une *loi ecclésiastique*, tandis que dans le Malthusianisme, il s'agit d'un péché *contre nature*. Ensuite l'hôtelier ne pose pas d'acte intrinsèquement mauvais, tandis que la femme en pose deux en se laissant masturber et en provoquant la masturbation du conjoint. Qu'on ne me répète pas que, s'il y a masturbation, c'est la faute du mari qui se retire. Encore une fois, la femme le sait, et en acceptant un coït malthusien, elle accepte de participer à un acte qui a pour but de braver cyniquement la nature. Elle peut donc encore moins s'y prêter que l'hôtelier ne peut servir de la viande à un saucissonnier quelconque qui a pour but avéré de fouler aux pieds, ostensiblement et par mépris, les lois de l'Eglise.

Cependant, poursuit le casuiste fin de siècle, votre raisonnement a contre lui précisément la seconde décision de la S. Pénitencerie, que vous avez citée tout à l'heure. N'y est-il pas dit que tout le désordre de l'acte *consiste* dans la malice du mari qui se retire au lieu d'achever. Cum tota actus deordinatio ex viri malitia procedat, qui, loco consummandi, retrahit se et extra vos effundat, etc.? N'y est-il pas dit que la femme n'est tenue à s'opposer à l'acte de son époux que *par charité* pour le prochain : caritas qua illud impedire tenetur.

Je vous demande bien pardon, monsieur le casuiste, mais la S. Pénitencerie n'a pas dit tout à fait comme vous. Elle a déclaré que tout le désordre du péché malthusien *procède*, procedat, c'est-à-dire, *est causé* par la malice du mari qui se retire. Mais le S. Office a aussi déclaré quelque part, et je ne puis supposer qu'il soit en contradiction avec la S. Pénitencerie, que l'Onanisme n'est pas autre chose que le péché de masturbation.

Quæritur a S. Apostolica qua nota theologica digna sit propositio sequens : — Probabile est matrimonii usum eo modo quo usus est Onan, non esse prohibitum de jure naturæ.

Responsum S. Congregationis die 21 maii 1851.

Propositionem esse scandalosam, erroneam, et alias implicite damnatam ab Innocentio XI, propositione 49, quæ sic se habet : Pollutio, jure naturali prohibita non est.

On demande au Siège Apostolique quelle note mérite la proposition suivante : — « Il est *probable* que l'usage du mariage, à la façon d'Onan, n'est pas défendue de droit naturel?

Réponse de la S. Congrégation, donnée le 21 mai 1847 :

Cette proposition est scandaleuse, erronée et, par ailleurs, *implicitement* condamnée par Innocent XI dans la proposition 49ᵉ, ainsi conçue : « La pollution n'est pas défendue de droit naturel. »

Le S. Office fait donc consister *formellement* le désordre du Malthusianisme dans le péché de masturbation, puisqu'il le donne comme *implicitement* condamné par la condamnation de la pollution.

C'est pourquoi la S. Pénitencerie a dit que tout le désordre de l'acte malthusien *provient* (et non pas *consiste*) de la malice de l'époux qui se retire ; car, évidemment, si l'époux ne se retirait pas, l'union serait selon la nature et il n'y aurait nulle masturbation. Le retrait de l'homme est *cause* de l'acte contre nature, mais ne le *constitue* pas : l'acte contre nature, c'est la double masturbation qui *constitue* à proprement parler le péché dans son *espèce* : ainsi l'exige la décision du S. Office ci-dessus mentionnée.

« Mais alors, poursuit le casuiste fin de siècle, comment admettre, avec la S. Pénitencerie, que la femme menacée de mort ou d'autres peines graves, puisse coopérer à l'acte malthusien? Car, enfin, la masturbation est quelque chose d'intrinsèquement mauvais pour la femme comme pour l'homme, et il n'est jamais permis de faire un mal, même moindre, pour en éviter un autre? »

Je vous demande encore mille fois pardon, monsieur le casuiste, car vous me forcez à descendre dans des détails qui ne sont pas de ma compétence. Vous savez beaucoup mieux que moi qu'il est parfois permis pour des raisons graves, non pas de *faire*, mais de laisser faire, de *subir* un mal, un désordre physique auquel la volonté ne participe nullement. Or, la S. Pénitencerie autorise la femme, pour des raisons très graves, non pas de faire, mais de *subir* l'union malthusienne, potest citra peccatum *simpliciter permittere* : elle peut sans péché *simplement permettre* un acte qui souillera son corps, à la vérité, mais non son âme, car sa volonté le repousse, et son corps ne fait que le subir, *simpliciter permittere.*

Aussi, n'est-ce pas seulement la charité qu'elle *doit à son époux*, mais encore la charité qu'elle *se doit à elle-même*, c'est-à-dire, à la pureté de son corps, qui lui fait une obligation d'empêcher le crime malthusien. Et voilà pourquoi la S. Pénitencerie a dit tout simplement : « La charité par laquelle elle est tenue de l'empêcher, caritas

qua illud impedire tenetur », et nullement :
« La charité *à l'égard de son époux*, caritas
erga virum », ce que le casuiste ajoute de
son propre fond pour le besoin de sa cause.

Donc, malgré le secours du casuiste fin
de siècle. l'union malthusienne reste toujours pour la femme un *acte contre nature*.
La femme, sauf l'exception mentionnée plus
haut, ne peut trouver aucune excuse loisible
pour *pratiquer, laisser faire* ou *supporter*
le péché malthusien ; sous peine de damnation éternelle, il faut qu'elle se soumette
totalement, pleinement et sans arrière-pensée
à la sentence divine : Je multiplierai tes fatigues et tes conceptions ; dans la souffrance,
tu enfanteras *des enfants. Multiplicabo
ærumnas et conceptus tuos ; in dolore paries
filios*

CHAPITRE VII

LE MALTHUSIANISME ET LES EXCUSES MASCULINES

Sommaire. — Un incident dans une paroisse rurale. — Je ne puis pas nourrir les enfants? — Je ne veux pas faire déchoir la famille? — On se moquera de moi? — Ma femme ne veut pas?...

Il est des hommes qui ne demanderaient pas mieux que de prendre leurs plaisirs tout à leur aise, s'il n'y avait à redouter que la perte de la femme et des enfants. Certains même (tant la charité est commune aujourd'hui) seraient enchantés d'avoir un moyen si commode et si agréable de se débarrasser d'une épouse qui les gêne.

Malheureusement, il ne suffit pas de faire naître les enfants, il faut aussi les nourrir quand ils sont nés; car, comme dit le proverbe : *Qui donne à naître donne à paître.* Et, pour les nourrir, pour leur procurer une situation convenable, il faut travailler, il faut se priver des plaisirs coûteux. Et c'est là précisément ce que l'homme ne veut pas faire.

Un jour, dans une paroisse rurale, un prédicateur, rompant avec le mutisme de ses devanciers, et au grand scandale de plusieurs de ses collègues, avait cru devoir stigmatiser comme ils le méritaient *tous ces voleurs de la vie* qui suppriment la fécondité.

Aussitôt, voilà que les figures se montent dans tout l'auditoire, les femmes rougissent et baissent la tête; les hommes paraissent furieux; ils auraient même essayé de faire taire l'orateur, si la peur ne leur avait fait garder un silence prudent.

Mais, à la sortie de l'église, c'était à qui s'escrimerait le mieux à jeter la pierre à ce diseur de *nouveautés immorales*, qui était venu troubler un instant leur conscience endormie : c'était un feu roulant de lazzis et d'insultes les plus grossières.

Un certain paysan bouffi se faisait surtout remarquer par son exaltation et ses gros mots. « Le curé, criait-il, nous a dit qu'il faut faire des enfants; je lui en ferai tant qu'il voudra, s'il veut bien me les nourrir. » Et alors, tout le monde d'applaudir et de crier bravo. On savait, en effet, que ce brave paysan n'avait pu acquérir le nom de père qu'en livrant son épouse aux bons soins d'un sorcier complaisant. Le sire faisait plus rire de lui que du curé.

Cependant, il n'en est pas moins vrai que c'est là peut-être la principale cause qui pousse les hommes à user de la prudence

malthusienne. Les pauvres ne veulent pas
avoir beaucoup d'enfants pour les faire mourir de faim, et les riches pour n'avoir pas à
diviser leur patrimoine; ils préfèrent l'addi-
tion à la division. Le fils unique, cumulant
la fortune du père et de la mère, épousera
une héritière qui lui rapportera une double
dot. Ceux-ci n'auront qu'un fils ou qu'une
fille qui épousera à son tour une héritière
ou un héritier. Et ainsi de suite, jusqu'à ce
que la famille s'éteigne, ou qu'elle soit rui-
née par une catastrophe, ou qu'un soudard
viveur dilapide les fortunes accumulées, tout
en pratiquant largement avec sa femme et
ailleurs le « Croissez et multipliez-vous. »

C'est là, il faut l'avouer, l'histoire de la
plupart des familles françaises, de celles qui
ont de *la conduite, de la tenue*, comme on
dit aujourd'hui.

Et certes, à part l'égoïsme qui forme l'unique mobile de pareils calculs, au point de
vue *strictement* moral, il n'y aurait rien à
dire si l'époux voulait et pouvait considérer
sa femme comme sa *sœur*.

Je l'ai dit ailleurs, les rapports sexuels dans
le mariage ne sont obligatoires ni pour
l'homme, ni pour la femme; les époux, d'un
consentement mutuel, peuvent s'en priver
pour un temps et même pour toujours.

Ils mentaient donc effrontément ces brutes
de paysans lorsqu'ils prétendaient que le
curé voulait les obliger à faire des enfants

tous les neuf mois. Le curé leur a dit : *Aut abstinendum, aut procreandum*, ou l'absti-nence, ou la procréation. Vous trouvez que vous avez assez d'enfants, que vous avez beaucoup de peine pour les nourrir; vous voulez leur laisser un héritage au moins égal à celui que vos parents vous ont légué : eh bien! *abstenez-vous*, c'est votre droit, traitez votre femme comme votre sœur. Que si vous n'entendez pas de cette oreille, que si vous ne voulez pas vous abstenir, mais vous li-vrer encore aux embrassements de la chair, faites-le, c'est encore votre droit. *Mais n'ou-bliez pas que Dieu vous a donné une femme pour en avoir des enfants et non pour vous amuser.*

Par conséquent, le curé était dans son droit et ne faisait que son devoir lorsqu'il vous mettait dans l'alternative ou de vous abstenir ou de féconder : *aut abstinendum, aut pro-creandum.*

« Mais, me dira un de ces hommes, moins malhonnête que les autres, je voudrais bien m'abstenir; malheureusement, je ne puis pas, c'est plus fort que moi. Et cependant je ne puis ni ne veux faire déchoir la famille, avoir des enfants pour les voir mourir de faim! Que faire donc? »

Il est très vrai que la continence est une vertu impossible à la plupart des hommes, que tout le monde ne la comprend pas, selon la parole du Sauveur : *Non omnes capiunt istud* (MATTH., XIX, 2), et que personne ne saurait se contenir si Dieu ne lui en fait la grâce. *Nemo continens nisi Deus det.*

Je comprends donc parfaitement qu'un homme me dise qu'il ne peut se passer d'une femme. Ce cas est commun, et c'est ce qui m'a fait dire avec saint Thomas que le mariage, quoique facultatif en soi, peut cependant devenir *relativement* obligatoire afin d'éviter le péché d'incontinence. Pour la même raison, les relations sexuelles, quoique facultatives en soi, deviennent obligatoires pour l'époux qui serait dans le péril prochain de masturbation. Enfin, j'ai démontré, je n'y reviens pas, que le commerce charnel dans lequel on évite la fécondité constitue un crime énorme, le plus grave après l'homicide ; saint Thomas l'affirme avec preuves à l'appui.

Je dois donc répondre à cet homme qui me déclare en son âme et conscience ne pouvoir se passer de sa femme, non plus comme tout à l'heure : ou s'abstenir ou féconder, *aut abstinendum, aut procreandum ;* mais bien, « ou procréer sur la terre ou brûler dans l'enfer » : *aut procreandum aut ardendum.*

Mon ami, puique la vie déborde en vous et que vous ne pouvez la contenir, n'en soyez pas avare, suivez l'instinct de la nature, répandez-la avec profusion. Puisque le bon Dieu, dans la personne de votre compagne,

vous a donné une terre fertile qui ne demande qu'à produire des fruits abondants,
soyez-en l'agriculteur fidèle et faites-lui rendre tout ce qu'elle peut donner.

« Mais je ferai déchoir la famille? Mais les
enfants mourront de faim? »

Que tremblez-vous, homme de peu de foi?
Dieu l'a dit, et sa parole ne trompe pas, ses
meilleures bénédictions sont réservées aux
familles nombreuses. Peut-être, pour vous
éprouver, Dieu permettra qu'il y ait de tristes
moments; il faudra travailler le jour, il faudra veiller la nuit. Mais, si vous faites votre
devoir, le Dieu qui nourrit les oiseaux du
ciel ne permettra pas que le pain manque à
vos enfants.

En outre, ce n'est pas le nombre des enfants qui fait déchoir les familles; c'est autre chose : ce sont les plaisirs, le jeu, l'inconduite, la paresse, les escroqueries, et que
sais-je encore? L'enfant unique est une
idole. Les enfants nombreux, au contraire,
apprennent vite à se suffire, et, avec leur petite portion, ils sont souvent mieux que
l'unique enfant avec la totalité de l'héritage
paternel.

« Mais ne voit-on pas tous les jours les
familles nombreuses déchoir de leur situation et grouiller souvent au sein de la misère? »

J'ai donné plus haut la double raison de
cela; c'est que dans la plupart des familles

nombreuses les époux se sont trompés, ou bien le père est un soudard ou un idiot. Et Dieu ne bénit ni les époux qui se *trompent,* ni les *soudards,* ni les *idiots.*

Enfin, serait-il vrai, ce qui n'est pas, qu'en multipliant votre famille vous exposeriez vos enfants à la misère et à la déchéance ; vu le péril prochain d'incontinence, vous n'en resteriez pas moins dans l'alternative ou de procréer ou de vous damner : *aut procreandum, aut ardendum.*

En faisant perdre l'humaine semence, vous insulteriez gravement la nature. Mais en donnant l'être à l'enfant, vous ne lui faites pas injure, puisque vous lui donnez tout ce que vous pouvez. Si vous ne lui donnez pas le bien-être, ce n'est pas votre faute. Et puis, pour l'enfant, l'être vaut toujours mieux que le néant.

Un jour, un fils unique, orgueilleux et sot comme ils le sont tous, *platinait* un de ses camarades, dernier venu d'une famille de douze enfants. « Si ton père avait fait comme le mien, lui disait-il, tu serais comme moi, tu vivrais sans rien faire. — Si mon père avait fait comme le tien, répliqua l'adolescent, je ne vivrais pas du tout, et j'aime mieux vivre, même en travaillant. »

Au reste, n'oublions pas que dans ces familles nombreuses où le père donne l'être sans compter, Dieu se réserve presque toujours de donner le bien-être, en y choisissant, soit des anges pour son paradis, soit des hommes de devoir et de vertu. Un grand nombre des héros du christianisme ont appartenu à des familles nombreuses et c'était presque toujours les derniers venus. Pour ne citer qu'un fait contemporain, M. Frédéric Ozanam, le fondateur et l'organisateur *des Conférences de Saint-Vincent de Paul*, raconte lui-même quelque part, à la louange de ses parents, qu'il appartenait à une famille de *douze* enfants, sur lesquels Dieu avait pris la moitié, c'est-à-dire *six*, pour les enrôler parmi ses anges.

Courage donc, homme de peu de foi, *faites votre devoir*, fiez-vous à la Providence et surtout *ne cherchez pas à la remplacer*. Car souvenez-vous bien que, s'il faut parfois souffrir ici-bas, la récompense est là-haut. Puisque la vie déborde en vous, ne calculez pas, semez-la sans compter. « Que votre épouse soit comme une vigne fertile dans l'intérieur de votre maison, que vos enfants croissent nombreux autour de votre table comme de jeunes plants d'oliviers; c'est la bénédiction que Dieu réserve à ceux qui le craignent : il sera lui-même votre récompense *trop grande. Ego ero merces tua magna nimis.* (Gen. xv, 1.)

« Mais, poursuit mon *honnête homme*, que dira-t-on, si l'on voit ma femme enfanter tous les ans? Ce n'est plus l'usage; on se moquera de moi. Je voudrais bien vous écouter, mais je n'ose pas ! »

Ce n'est plus l'usage ? Faites-le venir. Qui sait ? peut-être d'autres vous suivront. Il en faut bien un qui soit le premier ; pourquoi ne serait-ce pas vous !

On se moquera de vous ? — C'est possible ; moquez-vous des autres. — On rira de vous ? — Riez à votre tour, rira bien qui rira le dernier. Vous n'osez pas ? Que craignez-vous ? On n'a rien à craindre quand on a Dieu pour soi. *Si Deus pro nobis, quis contra nos.*

Puisque vous êtes un homme, ne soyez donc pas un lâche ; rappelez-vous cette belle devise : « *Fais ce que tu dois, advienne que pourra* » ; ou bien cette autre encore : « *Et s'il n'en reste qu'un, je serai celui-là.* »

Deux ans après *l'année terrible*, deux officiers de cuirassiers démissionnaires, amis et proches parents, épousaient en même temps deux demoiselles élèves du Sacré-Cœur, elles aussi, amies et proches parentes. Le lendemain des noces on se sépara, les uns restèrent à Paris, les autres allèrent occuper un château de province. Après six ans de mariage les Parisiens vinrent visiter leurs amis de province. A la descente de voiture, la Parisienne eut un haut-le-corps en voyant son amie entourée de *six enfants*, sans compter les apparences, qui indiquaient clairement la prochaine venue d'un septième. Aussitôt seule avec son amie, elle n'eut rien de plus pressé que de lui présenter ses condoléances : « Je te plains vraiment, lui disait-elle, d'être tombée en de telles mains. A Paris, nous nous amusons d'abord ; puis, quand nous serons lasses de nous amuser, peut-être nous accepterons un enfant. Mais jamais, au grand jamais, une dame de Paris accepterait une *pareille nichée.* »

Comme elle achevait ces paroles, l'époux de son amie entra brusquement, il avait tout entendu. Il présenta ses six enfants à l'amie de sa femme, puis ajouta : « En province, madame, nous n'avons pas tous les amusements de la capitale ; *mais nous avons de la vie et nous en donnons.* »

Eh bien ! répondez de même à ceux qui voudraient vous jeter la pierre. Provoquez-les à un duel d'un nouveau genre, qu'ils se garderont bien d'accepter ; car n'oubliez pas que la plupart de ceux qui se moquent le plus des maris prolifiques sont des *impuissants.*

Donc, brave homme, ne soyez pas le triste esclave du respect humain ; marchez le front haut et dites fièrement à ceux qui voudraient vous goguenarder : *Nous avons de la vie et nous en donnons.*

« Je ne demanderais pas mieux, me direz-vous peut-être ; mais *ma femme ne veut pas ?* »

Votre femme ne veut pas? — Eh bien! qu'à cela ne tienne, *forcez-la* : c'est votre droit et même votre devoir. Ce n'est pas à elle qu'il appartient de *limiter* le nombre des enfants, c'est à Dieu. Le mariage vous donne le droit *d'épuiser* sa fécondité, et même le *devoir*, s'il y a pour elle ou pour vous péril d'incontinence. Comme chef de la famille, vous devez empêcher le péché même dans votre épouse; et cela, même par des moyens coercitifs, si c'est nécessaire. Vous devez lui rendre le devoir conjugal; mais elle ne peut pas l'exiger par la force, en aurait-elle les moyens? Elle doit vous rendre le sien et vous pouvez l'y forcer, si elle ne veut pas vous le rendre ou le rendre imparfaitement. Et la raison de cette différence c'est, d'abord, parce que vous êtes le chef et qu'elle vous doit obéissance, et ensuite parce que, dans les rapports sexuels, comme dit saint Thomas, vous *donnez* et elle *reçoit*. C'est ce qui fait, poursuit le même saint, que dans les rapports sexuels, il y a une égalité de *proportion* comme entre le riche qui donne et le pauvre qui reçoit, non une égalité *arithmétique* comme entre deux chevaux d'égale force tirant un carrosse. Et c'est ce qui explique la supériorité de l'homme sur la femme dans l'acte conjugal.

Donc, pour féconder votre femme, vous n'avez pas à lui demander la permission, vous n'avez qu'à la prendre, ou plutôt vous l'avez, car c'est la conséquence de son *oui conjugal*.

« Mais, me direz-vous, j'aime trop ma femme pour avoir le courage de la violenter. Quand je la vois me supplier en gémissant de lui éviter une nouvelle maternité, je n'ai vraiment pas le courage de passer outre. Si je la perdais en couches, j'en mourrais de désespoir. Et puis, est-ce bien noble, est-ce bien français de forcer une femme? »

Vous aimez trop votre femme pour la violenter? Dites donc plutôt que vous ne l'aimez pas assez. Vous voyez votre femme s'enfonçant tous les jours davantage dans le crime malthusien, vous entraînant à sa suite, et vous n'avez pas le courage de l'empêcher! Est-ce là l'aimer véritablement que de lui ouvrir toutes larges les portes de l'éternelle damnation alors que votre devoir serait de les lui fermer? Vous redoutez pour elle les fatigues et les douleurs de la maternité, et vous ne craignez pas de la laisser exposée aux souffrances horribles des damnés; vous avez peur de la perdre en couches, et vous ne craignez pas de la perdre éternellement dans les abîmes infernaux! Un homme qui aime vraiment sa femme cherche à lui assurer avant tout le salut éternel. Et comme, au témoignage de saint Paul, la femme est surtout sauvée par la génération des enfants, *Salvabitur per filiorum generationem* (I Tim., II, 15), l'homme qui aime vraiment sa femme et veut la sauver *la fait en-fanter*.

Mais votre femme pleure? Laissez-la pleu-rer. Les larmes d'une femme ne doivent pas vous empêcher de faire votre devoir, surtout si vous l'aimez. Au ciel et même sur la terre, quand elle contemplera avec orgueil les beaux rejetons sortis de son sein, elle vous en aimera davantage et sera la pre-mière à vous remercier de l'avoir fait pleu-rer.

Mais votre femme est fatiguée d'enfanter? Il n'y a rien d'extraordinaire à cela, surtout si elle a eu cinq ou six grossesses consécu-tives. Mais que voulez-vous! c'est son lot, c'est sa spéciale expiation de la faute origi-nelle, c'est son moyen de salut. Si vous vou-lez la sauver et vous sauver avec elle, il faut la féconder jusqu'à ce que Dieu lui dise : « C'est assez. » Si elle souffre, tant pis, ou plutôt tant mieux : « Le royaume des cieux, a dit le Sauveur, souffre violence et il n'y a que les violents qui s'en emparent. » *Regnum cœlorum vim patitur et violenti rapiunt il-lud* (MATTH.).

Mais votre femme pourrait mourir en couches, et, si cela arrivait, vous en mour-riez de désespoir?

Votre femme pourrait mourir en couches? Comme je l'ai déjà dit ailleurs, la maternité, c'est le rôle spécial et exclusif de la femme; c'est là son *champ de bataille*. Ce champ de bataille, évidemment, n'est pas toujours un lit de roses; les femmes y reçoivent des blessures, parfois même mortelles. Mais de ce qu'il y a des morts et des mourants, est-ce une raison pour le soldat de déserter le champ d'honneur, et pour le général d'autoriser la désertion?

Ah! certes, je comprends qu'une femme, après des grossesses pénibles et des enfantements laborieux, soit, comme le soldat après un combat terrible et meurtrier, tentée d'abandonner le champ de bataille. Mais de même que le général doit rallier le soldat qui fuit et le ramener au champ d'honneur; de même l'homme doit rallier, c'est-à-dire *féconder* la femme qui tremble et la ramener au champ d'honneur, c'est-à-dire à *l'enfantement*. La femme y mourra peut-être. Mais que le mari ne se désespère pas; car il a fait monter au ciel celle qui fuyait en enfer, et elle l'attend là-haut pour le bénir et pour l'aimer *toujours*.

Sans doute, les enfants seront orphelins. Mais Dieu ne défend pas au père de leur donner une seconde mère. C'est son droit, et même son devoir s'il ne peut se contenir. Qu'il laisse le monde jeter la pierre aux veufs chargés de famille qui se remarient et applaudir à ceux qui se contentent de servantes malthusiennes. Celle qui l'attend là-haut n'en sera point jalouse. Seulement qu'il choisisse bien, et surtout *qu'il féconde bien,* qu'il la tienne bien au champ d'honneur. La nouvelle épouse sentira s'élargir ses entrailles de mère à mesure qu'augmentera sa fécondité, et bientôt elle embrassera dans un égal amour *tous les enfants de son époux*.

Me dira-t-on maintenant que ce n'est pas noble, que ce n'est pas français de forcer une femme? Je me permettrai de répondre qu'on lui fait une douce violence ; que c'est le meilleur moyen de s'attacher une épouse ; car la femme, par une pudeur et une coquetterie qui lui sont naturelles, pour accorder ses faveurs, aime à se faire prier et même violenter, c'est-à-dire qu'elle se laisse faire tout en gémissant et en disant à son époux : « Laisse-moi. » Mais si son époux la prend au mot et la laisse, en effet, elle est toute étonnée et se demande en rougissant si son époux ne l'aime pas.

Nos preux d'autrefois connaissaient bien ce secret et ils fécondaient leurs épouses d'autant plus qu'elles se plaignaient davantage. Ils avaient pour devise : « *Mon Dieu, mon Roi et ma Dame.* » Et cela signifiait : mon Dieu pour *l'adorer*, mon Roi pour *le servir*, ma Dame pour *la féconder*. Et si les barons chrétiens, en partant pour la croisade, se faisaient si souvent suivre de leur Dame, ce qui nous paraît aujourd'hui une étrange anomalie, c'était pour n'omettre aucun de leur triple devoir : adorer Dieu, servir son Roi et *féconder sa Dame*. Presque tous ceux qui laissaient leurs Dames les laissaient enceintes. Et pour ne citer qu'un fait entre mille, quand le duc de Thuringe, Louis, partit pour la Terre Sainte, il laissa son épouse, la douce sainte Élisabeth, dans l'attente d'un *quatrième héritier*, quoiqu'elle n'eût pas encore *vingt ans*.

Français, voulez-vous que je vous indique un moyen infaillible de sauver la patrie qui s'abîme, revenez tous à la devise de nos pères : Mon Dieu, mon Roi et ma Dame. — Mon Dieu pour l'adorer ; mon Roi (ou mon pays) pour le servir ; et surtout : *ma Dame pour la féconder*.

« Mais, me dira une bonne pâte d'homme, féconder sa Dame, c'est très facile à dire, mais moins facile à faire. Depuis dix ans que je suis marié, c'est en vain que je souhaite un héritier, ma femme ne veut pas en entendre parler. J'ai pris tous les moyens, je n'ai réussi qu'à l'exaspérer, et, si j'avais le malheur de la rendre mère, je crois qu'elle me tuerait. »

Il est malheureusement trop vrai qu'aujourd'hui, grâce surtout à l'éducation malthusienne et à l'infécondité, nous avons des femmes qui ne sont plus des femmes : ce sont des *êtres hybrides*, qui ont perdu de la femme tout ce qu'elle a de beau, d'aimable, de sensible, de tendre, pour le remplacer par quelque chose de laid, de repoussant, d'insensible, de dur. Elles ne se croient plus des femmes et, en effet, elles en ont perdu le cœur, mais non les caprices et l'inconstance. Elles se croient des hommes, et elles en ont la brutalité, mais non la force et l'énergie. Elles se prétendent des femmes *de tête*, mais elles ne sont que des femmes *têtues*. Pour tout dire en un mot, elles réunissent en leur personne les défauts des deux sexes sans en avoir aucune des qualités. Et ce n'est pas sans raison que dans certains pays on les appelle des mules.

Cette race s'accroît d'autant plus que la population diminue davantage, et j'avoue que ce n'est pas toujours commode pour un homme de *féconder ces êtres* qui ne sont plus des femmes. Cependant, que l'homme soit homme, non pas à moitié, mais tout à fait, et je crois pouvoir lui assurer qu'il réussira toujours à faire redevenir son épouse femme.

Et d'abord avec ces êtres, il faut procéder autrement qu'avec les femmes ordinaires. Les caresses sont inutiles, c'est peine perdue, elles n'ont plus de cœur. Il faut procéder par voie d'autorité, par voie de force. Elles se croient des hommes, il faut leur prouver péremptoirement qu'au moins physiquement elles ne sont que des femmes. Elles sont fières, il faut les humilier. Elles veulent être absolument maîtresses de leurs faveurs; il faut s'attacher à les prendre, surtout quand

elles ne voudraient pas les accorder. Elles
ne veulent pas enfanter; il faut les féconder
sans trêve ni repos. Et c'est ainsi que ces
êtres redeviendront de véritables femmes,
avec le cœur, la tendresse, la sensibilité,
l'amour, même avec cette beauté féminine
aux formes arrondies qu'elles n'avaient plus.

Voilà le programme : l'exécution en est-
elle difficile? Je ne le crois pas.

Il y a un certain nombre d'années, dans un
tout petit village, une jeune fille épousait un
brave homme. Fille unique d'une mère malthusienne, elle disait bien haut qu'à aucun
prix elle ne consentirait jamais à subir les
ennuis de la grossesse et les douleurs de l'enfantement. « Je me suis mariée, disait-elle,
pour *m'amuser* et non pour *enfanter*. » A
la tête relevée, à la démarche altière, au
verbe haut, c'était un type parfait de la
femme qui n'enfante pas. Elle portait *culotte*,
dans toute la force du terme. Son mari était
pire qu'un domestique, il n'osait bouger.
Avant d'ouvrir la bouche, d'un regard suppliant, il lui demandait la permission de parler, et, malgré cela, souvent son premier mot
était coupé à sa première syllabe par un rude :
« Tais-toi. »

Après dix ans de mariage, ce brave homme
mourut.

Lorque l'année réglementaire du deuil fut
passée, la jeune veuve crut pouvoir convoler
une seconde fois, et tout le monde plaignait

le nouveau brave homme qui avait le courage de s'embarquer sur une telle galère.

Mais, ô surprise, on s'aperçut bientôt que le nouvel époux parlait et que sa femme ne lui coupait pas la parole ; on remarqua même qu'elle n'avait plus la tête aussi altière ni le verbe aussi haut. Cinq à six mois se passent, et, surprise nouvelle, on constate dans cette femme tous les signes apparents de la grossesse. On ne pouvait en croire ses yeux, et l'on était encore à se demander ce que cela pouvait être, lorsque, jour pour jour, neuf mois après le mariage, elle mit au monde un magnifique enfant. Alors, toutes les commères se dirent : « Allons, ils se sont trompés ! Mais, cet enfant, nous allons le voir filer vite, car, pour s'en débarrasser, elle va le mettre en nourrice fort loin. » Pas du tout, ce fut elle qui le nourrit. Quoiqu'elle eût une servante, c'était toujours elle qui le soignait, et l'enfant était des mieux tenus.

Mais, ô surprise encore plus forte, cinq ou six mois après, apparaissent les signes d'une nouvelle grossesse. Cette fois-ci, personne ne veut y croire et tout le monde se dit qu'elle est malade. Cependant, neuf mois et demi après son premier enfantement, elle met au monde un nouvel enfant aussi beau que le premier. Alors, ce furent des ho ! et des hé ! à n'en plus finir.

Dix mois après, nouvel enfantement. Bref, depuis *six ans* qu'elle est remariée, cette

femme a eu *sept couches* et *neuf enfants*, car
dans sa dernière couche, elle en a êu trois.
Tous ces enfants ont été nourris par el'e cinq
mois chacun. Puis, le lait lui manquant à
cause de la nouvelle grossesse, c'était encore
elle qui les soignait au biberon. C'est elle
encore qui nourrit les trois derniers, en se
faisant aider, bien entendu, par le biberon.
C'est elle qui se charge exclusivement de les
soigner, et très rarement elle a recours à
l'office de sa servante.

Que s'était-il donc passé? comment cette
harpie était-elle devenue tout d'un coup le
modèle des épouses et le modèle des mères?
car elle choyait son époux autant que ses enfants. Cependant, on n'avait jamais ouï dire
qu'il y eût eu tapage dans sa maison depuis
que le nouvel époux y était entré.

Quand ses commères malthusiennes la
voyaient passer un enfant sur le bras, un autre par la main, un troisième à ses jupes,
sans compter, selon le mot de Louis Veuil-
lot, « *celui qui était sous le tablier* », parfois
elles la félicitaient ironiquement de sa fécondité. Mais elle, qui n'était plus la *virago*
d'antan, sans se fâcher, leur répondait à mi-
voix avec un doux sourire : « *Que voulez-
vous, le bon Dieu nous bénit.* »

Que s'était-il passé? Tout simplement
ceci, le mari avait dû, dans le principe, user
de *violence;* puis, la femme, éclairée sur ses

devoirs, s'était décidée à agir en épouse et en chrétienne.

Donc, pour conclure tout le chapitre, nous devons dire que les excuses de l'égoïsme masculin sont, non pas les excuses d'un *fort*, mais les excuses d'un *lâche*.

Lâche, celui qui ne veut pas faire des enfants pour n'avoir pas à les nourrir.

Lâche, celui qui ne veut pas augmenter la famille par peur de mourir de faim.

Lâche, celui qui n'ose pas féconder sa femme par crainte du respect humain.

Lâche, celui qui s'abstient de rendre son épouse mère pour lui épargner les douleurs de l'enfantement.

Lâche, celui qui jette l'humaine semence par terre pour éviter de faire verser des pleurs à sa compagne.

Lâche, celui qui n'a pas le courage de commander à une épouse qui doit obéir.

Lâche enfin, celui qui ne se sent pas la force de corriger et de punir pour sauvegarder les droits de Dieu et les siens.

Et saint Jean d'Ephèse nous dit qu'il y a dans l'enfer un compartiment spécialement réservé pour les *lâches, pro timidis*.

Donc, ô hommes, voulez-vous éviter l'enfer? voulez-vous être Français? soyez des *hommes*, et non pas des *eunuques*.

CHAPITRE VIII

LE MALTHUSIANISME ET LES EXCUSES CLÉRICALES

SOMMAIRE. — Différence essentielle entre les excuses conjugales et les excuses cléricales. — Pureté des livres jansénistes. La bonne foi de l'homme, de la femme. Le Malthusianisme, danger pour la foi, péril social. L'obligation d'avertir les coupables même dans la bonne foi. Réponse de la Sacrée Pénitencerie. Ce qu'il faut espérer des efforts de la Cour romaine, des Académies, des législateurs. — Un article de l'*Univers*. — Un article de M. Jules Simon, dans le *Temps*.

Les excuses que nous avons réfutées dans les deux chapitres précédents ne tendent à rien moins qu'à légitimer l'usage des pratiques malthusiennes, soit d'une manière absolue, en affirmant qu'elles sont permises, au moins dans certains cas; soit d'une manière relative, en rejetant toute la responsabilité du péché de la femme sur le mari ou du mari sur la femme. J'ai démontré qu'il n'y a aucune excuse possible pour autoriser la prudence malthusienne; et j'ai prouvé aussi que le péché malthusien est un péché

solidaire auquel l'époux et l'épouse ont toujours part.

Les excuses cléricales, au contraire, laissent intacte la malice du Malthusianisme ou
de l'Onanisme, ainsi qu'on l'appelle communément parmi le clergé. Il y a, en effet, très
peu de prêtres, même parmi les libéraux,
qui osent affirmer ouvertement la licéité des
pratiques malthusiennes. On m'a bien dit
qu'un religieux distingué, pendant vingt ans
professeur de Morale dans un grand séminaire, enseignait ouvertement que l'Onanisme était un péché inventé par le XIXᵉ siècle. J'ai de la peine à croire à une telle
aberration. Toujours est-il qu'il n'a pas été
suivi et que le clergé, dans les raisons qu'il
donne, ne cherche pas à légitimer la faute
prise en elle-même, mais à dispenser le prêtre, comme prédicateur, d'enseigner, et,
comme confesseur, d'interroger les époux sur
leurs obligations matrimoniales, les laissant
s'en tirer comme ils *pourront,* ou plutôt
comme ils *voudront.*

Il semblerait, par conséquent, que ces excuses ne dussent être examinées que dans un
travail destiné exclusivement au clergé, puisqu'elles ne regardent que les prédicateurs et
les confesseurs. Mais je crois cependant devoir les donner ici, d'abord parce que je
n'empêcherai pas le clergé de les lire; ensuite, parce que je veux être aussi complet
que possible; et enfin, parce que je ne vois

aucun inconvénient à ce qu'elles soient connues, même de ceux qui ne sont ni prédicateurs ni confesseurs.

J'ai classé plus haut ces excuses en deux grandes catégories ; les excuses jansénistes, qui ordonnent le silence par respect pour le sacerdoce, et les excuses ultramontaines, qui recommandent de se taire par charité pour le pénitent.

Nous avons déjà répondu à la pruderie janséniste, un mot suffira pour l'achever.

Les Jansénistes, on le sait déjà, défendaient aux prêtres de traiter ces matières, de peur de souiller leurs lèvres.

Eh bien ! à ces tenants du vieux Jansénisme, je leur demanderai s'il est indigne des lèvres sacerdotales d'enseigner ce qu'ont enseigné les deux princes des Apôtres, saint Pierre et saint Paul, en faisant observer que ces Apôtres donnaient leurs enseignements dans la langue vulgaire d'alors et en termes très clairs. J'ai déjà cité pas mal de textes de leurs épîtres ; qu'il me suffise d'en citer deux ou trois autres. *Volo juniores nubere, filios procreare, matres filias esse* (I TIM., V, 14). Je veux, dit saint Paul, que les jeunes veuves se marient, *qu'elles fassent des enfants,* qu'elles soient mères de famille... Et ailleurs, le même Apôtre ajoute : *Mulier salvabitur per filiorum generationem.* La femme sera sauvée par la génération des enfants.

Comme on le voit, ces Apôtres n'abandonnaient pas aux mères le soin d'instruire leurs filles de leurs devoirs d'épouses, comme me le disait un jour un directeur de grand séminaire pour se tirer plus facilement d'embarras : ils instruisaient eux-mêmes et *publiquement*.

Sans doute, il est des choses, et celle-là est du nombre, que le prêtre ne doit toucher que du bout des doigts, et quelquefois même avec des pincettes. Mais il ne faut pas oublier que le confesseur est au saint Tribunal, *docteur, juge et médecin;* que le docteur doit instruire son pénitent de tout ce qu'il doit savoir pour mener une vie chrétienne, surtout de ses devoirs d'état; que le juge doit connaître pleinement la culpabilité du criminel; que le médecin doit appliquer le remède à toutes les maladies, même aux plus cachées. Par conséquent, comme docteur, le prêtre doit apprendre aux époux leurs devoirs; comme juge, il doit savoir s'ils sont coupables; comme médecin, il doit connaître le mal pour appliquer le remède. Et pour cela, tout en se servant des expressions les plus convenables, il doit toujours parler suffisamment clair pour *être compris de tous ceux qui doivent comprendre.*

En agissant ainsi, le prêtre ne souillera pas plus ses lèvres que le juge qui instruit une affaire scabreuse ou le médecin qui soigne une maladie honteuse.

Je juge inutile d'insister pour prouver

l'inanité des excuses jansénistes; voyons si les excuses ultramontaines ont plus de valeur.

Nous avons dit que les Ultramontains prétendent qu'il ne faut pas interroger sur l'Onanisme, parce qu'on n'aboutirait qu'à détruire la bonne foi et à rendre formel un péché matériel. Les plus illustres représentants de cette école appartiennent en majeure partie à un Ordre religieux illustre entre tous, qui a toujours eu et a encore la gloire d'être le premier désigné aux coups de la Révolution.

Eh bien, à cet Ultramontain, chaud partisan du *compelle intrare*, et qui, par un louable sentiment de réaction contre l'esprit janséniste, veut ouvrir toutes larges les portes du ciel, je me permettrai de citer d'abord un témoignage qu'il prisera sans doute, puisque c'est un Jésuite qui le donne, et même un des meilleurs. Cornelius a Lapide, dans ses *Commentaires* sur l'Ecriture-Sainte, à propos du péché d'Onam, cite le témoignage de deux saints personnages déclarant que tous les époux qui s'adonnent à ce péché autant d'années que Notre-Seigneur vécut sur la terre, c'est-à-dire *trente-trois ans,* sont *irrémissiblement* condamnés à l'enfer. Le commentateur ajoute : « Savaient-ils cela par révélation ou par expérience? le fait est que leur témoignage est digne de foi. »

C'est, qu'en effet, je crois pouvoir répondre que la crainte de l'Ultramontain est chimérique par la raison bien simple que le péché *formel* existe déjà.

Saint Thomas nous dit, avec raison, que la bonne foi ne peut pas généralement exister, c'est-à-dire que la loi naturelle ne peut pas être complètement oblitérée dans les cœurs des hommes, lorsqu'il s'agit de péchés *contre nature* allant contre les premiers principes de cette loi naturelle. *Quantum ad principia prima communia, lex naturalis nullo modo potest aboleri a cordibus hominum in universali* (I^a 2^{ae}, quæst. 94, art. 6). Et ailleurs, il dit également (q. 94, art. 4) : *Sic igitur dicendum quod lex naturalis, quantum ad prima principia est eadem apud omnes et secundum rectitudinem et secundum notitiam.* Il faut donc dire que la loi naturelle, quant à ses premiers principes, est la même en tous et selon la *rectitude* et selon la *connaissance*. D'où il suit nécessairement que les premiers principes de la loi naturelle ne peuvent être effacés du cœur des hommes, que tous les hommes en ont une connaissance suffisante et que, par suite, sur ces premiers principes la *bonne foi* devient *impossible.*

Or, je l'ai démontré plus haut, les pratiques malthusiennes sont directement contraires aux premiers principes de la loi naturelle. Tout particulièrement l'homme, en agissant ainsi, fait tellement violence à la

nature et à lui-même qu'il ne peut pas, généralement parlant, s'empêcher de regarder
son acte comme répréhensible : au moins il
doutera, ce qui suffit pour lui enlever le *bé-
néfice* de la bonne foi.

Quant à la femme, elle peut, sans doute,
plus facilement ignorer toute la malice de
l'acte, puisque sa coopération est, en quelque sorte, purement passive. Néanmoins,
cette bonne foi disparaîtra bien vite; car la
femme ne tardera pas à se demander s'il est
bien conforme à la loi de Dieu de prendre
ainsi ses plaisirs tout en évitant les charges
qui en sont la conséquence naturelle. Loin
de croire cela légitime, une jeune femme ti-
morée ira jusqu'à se demander si elle peut,
en conscience, accepter son époux, alors que
la grossesse déjà survenue rend une nouvelle
conception impossible.

Je pourrais apporter une foule de faits à
l'appui. Qu'il me suffise d'en citer deux con-
cernant deux femmes vivant dans un pays
où les pratiques malthusiennes étaient en
honneur et où le clergé gardait sur ces matières un silence profond, *altum servabat
silentium*.

Un père Jésuite fut un jour appelé pour
entendre la dernière confession d'une dame
très pieuse et très vertueuse qu'il dirigeait
depuis longtemps. Poussé par je ne sais
quelle inspiration, car cette dame était déjà
vieille et avait eu six enfants, il lui demanda

si, dans sa jeunesse, elle n'avait pas profané le mariage en évitant la famille. Alors cette dame se met à fondre en larmes, avoue qu'elle a toujours caché ce péché sans jamais vouloir le dire, même lorsqu'on l'interrogeait, quoiqu'elle en comprît fort bien la gravité Poussée par le sentiment de l'expiation, elle fait venir ses six enfants, leur confesse publiquement sa faute et les engage à ne pas l'imiter, quoiqu'elle ait pu leur dire jusque-là.

Celle dont je vais parler n'est pas une grande dame vivant à la ville : c'est une femme du peuple, vivant à la campagne, dans un pays où la moitié des familles n'a pas d'enfants, où les ménages rangés n'en ont qu'un, où l'on plaint ceux qui en ont deux, où l'on se moque de ceux qui en ont trois, où l'on chansonne ceux qui en ont quatre : ce dernier nombre n'est jamais dépassé, et pour cause. Donc, dans ce pays-là. cette femme, mariée depuis huit ans, n'avait pas d'enfants parce qu'elle n'en voulait pas et que chaque fois elle priait son mari *de bien faire attention.*

Après huit ans, un nouveau confesseur lui explique en quoi consiste cette profanation du mariage, sur laquelle, interrogée, elle a toujours répondu négativement. Alors, elle fait l'étonnée et déclare avoir agi dans la plus complète bonne foi. En fait, elle se convertit et devient mère.

Quelques années plus tard, le confesseur l'interroge de nouveau sur sa prétendue bonne foi d'antan; et alors, elle avoue en rougissant qu'elle a bien eu parfois des doutes sur la légitimité de pareilles actions; mais qu'*elle s'était toujours gardée d'interroger son confesseur par crainte d'être obligée à changer de conduite.*

Eh bien! la véritable bonne foi sur ces matières, la voilà.

Cette femme, en effet, qui, dans une réunion de famille, a bien voulu se donner comme exemple en contant sa propre histoire, était placée dans les meilleures conditions possibles pour avoir le privilège d'une complète bonne foi : mariage de raison contracté à un certain âge pour plaire aux parents, aversion naturelle pour la famille et même pour les plaisirs sensuels; milieu dans lequel on appelle cela avoir de la conduite; enfin, profond silence du clergé sur ces matières.

Et, malgré cela, elle doutait.

C'est donc ici ou jamais le cas d'appliquer l'adage : *Ab uno disce omnes.* Et nous pouvons conclure que, pour les femmes pas plus que pour les hommes, il n'y a jamais une bonne foi *complète*, même lorsqu'elles l'affirment. Par conséquent, la crainte de l'Ultramontain est chimérique, puisqu'il craint d'enlever une bonne foi qui, en réalité, *n'existe pas.*

En outre, l'Ultramontain doit savoir, puisque c'est une chose élémentaire dans la morale chrétienne, qu'il y a pour le confesseur obligation de détruire la bonne foi, même avec la certitude de rendre formel un péché matériel, lorsque cela est nécessaire pour conjurer un péril social ou pour sauvegarder un dogme révélé. Or, il est certain que les pratiques malthusiennes, généralisées comme elles le sont aujourd'hui, constituent un très grave péril social, puisqu'elles aboutissent fatalement à la fin de la société elle-même et qu'elles sont aussi un immense danger pour la foi et les mœurs, puisqu'elles tendent à légitimer *ostensiblement* un acte intrinsèquement mauvais.

Au reste, la *Sacrée Pénitencerie*, dans une réponse publiée par la *Nouvelle Revue théologique*, fait aux confesseurs une stricte obligation d'interroger leurs pénitents, même dans l'hypothèse problématique de la bonne foi et avec la crainte fondée de rendre formel un péché matériel.

En voici le texte authentique :

Beatissime Pater,

Episcopus N. N., ad pedes Sanctitatis Vestræ reverenter se sistens, Beatitudini Vestræ dubia quædam elucidanda proponit, quæ animarum Pastoribus et Confessariis jam diu gravem mentis et conscientiæ anxietatem afferunt.

Uti Sanctitati Vestræ compertum est, nefandum Onanis crimen in pluribus Galliæ regionibus latius in dies diffunditur, atque altiores agit radices; adeo ut nulla fere Provincia ab hac peste immunis remaneat, ipsique scientiæ socialis cultores de exitioso hoc morbo publice conquerantur. Ubique ferme rarescere cernuntur familiæ, non quidem ex conjugiorum infrequentia, sed ex eorum voluntaria infœcunditate. Eo res jam devenit, ut cum antea multi conjuges nimiam tantum vellent evitare prolem, nunc plurimi omnem vel fere omnem liberorum susceptionem scelesto consilio excludere audeant. — Hinc etiam, magna saltem ex parte, provenit lugenda illa imminutio ministrorum Ecclesiæ qua diœceses magis magisque laborant.

Movet quidem animarum Pastores deploranda calamitas, quæ in ipsam societatem ex pravo hoc matrimonii usu derivatur : movet tamen acrius et simul ingenti tristitia afficit eos gravissima offensa Deo illata et præsentissimum animarum periculum. Atque hæc eorum mœstitia inde etiam augetur, quod non una sit omnium Confessariorum, in hâc curandâ plagâ, agendi ratio : nec optata uniformitas sperare possit ex illis, quæ hactenus prodierunt, S. Sedis Responsis et Declarationibus.

Nodus difficultatis versatur circa necessitatem *interrogandi* et *monendi* pœnitentes.

— Omnes quidem Confessarii et Theologiæ moralis scriptores maximam hujus peccati gravitatem agnoscunt; omnes similiter fatentur summam Confessario adhibendam esse in interrogando prudentiam ac modestiam, et satius esse ut deficiat confessionis integritas materialis, quam ut pœnitenti ex indiscreta interrogatione scandalum obveniat, vel decus sacri ministerii offendatur. — Discrepant vero Confessarii in hoc capite : an necessaria sit, necne, interrogatio ipsa, licet castis modestisque verbis expressa?

Alii enim Confessarii persuasum sibi habent, inter tot fideles qui detestandæ Onanis praxi indulgent aliquos saltem reperiri qui in bona fide versantur. — Ne igitur raros hosce pœnitentes ex bona fide deturbent, consultius esse putant, *neminem* de hoc peccato interrogare, nisi forte ipse se pœnitens accusare incipiat, et interrogatio confessio· nem tantummodo faciliorem reddat. — Iidem Confessarii arbitrantur *moneri non debere* pœnitentem de gravitate hujus peccati, eo quod forte rem non ita gravem esse existimet. Atque in ista opinione, hac etiam ratione confirmantur, quod plerique conjuges, de onanismi malitia aperte moniti, sacramenta deserturi prævideantur, atque adeo majus damnationis periculum incurrant.

Alii Confessarii existimant, Ministris divinæ legis, quibus ex officio incumbit propria fideles munera docere, *licitum non esse silentium,* cum vident ipsius naturæ præcepta generaliter violari. Tunc enim (ut verbis utamur Benedicti XIV, in sua Bulla *Apostolica Constitutio)* « pœnitens aut crimina ignorat, quæ tamen nosse debet; aut in iis versatur circumstantiis, quæ, Confessario dissimulante, peccatorem in pravo opere, non sine aliorum scandalo; cum quis arbitretur, ea sibi licere quæ ab iis qui Ecclesiæ sacramenta frequentant, impune exerceri animadvertit. » — Hinc præfati Confessarii censent, toties *discretam interrogationem* esse faciendam de Onanismo, quoties fundata *suspicio adest* pœnitentem huic crimini esse addictum : censent bonum commune postulare ut pœnitens, qui probabiliter tantum in bona fide versatur, apertis, sed discretis moneatur verbis : censent demum tunc solum ab interrogando et monendo esse abstinendum (nisi contrarium postulet bonum commune) cum ex præsentibus rei circumstantiis moraliter certum esse videtur, pœnitentem in bona fide versari et monitionem fore infructuosam.

Ex Responsis a S. Sede hactenus datis, variæ quidem suppeditantur regulæ, quibus plura jam dubia ad ham materiam pertinentia, dilucida sunt.

Sic, ex Responso S. Pœnitentiariæ, diei 14 decembris 1876, dato ad Rectorem Parochiæ in diœcesi Andegavensi, constat, *non esse licitum* favere pœnitentium errori, qui a multis bona fides dicitur, nec talem bonam fidem creare.

Constat etiam non satisfacere muneri suo eos Confessarios qui, « quando pœnitens solummodo accusat Onanismum, altum silentium servant, et, finita confessione peccatorum, illum verbis generalibus ad contritionem excitant, illique asserenti se detestari omne peccatum lethale, sanctam absolutionem impertiuntur. »

Constat præterea, *omni reprehensione carere* eos Confessarios, qui (intra limites a Rituali Romano et probatis Auctoribus constitutos se continentes, quoad interrogationes de usu matrimonii conjugibus aliquando faciendas) « non omittunt quemcumque pœnitentem, sive sponte sive ex interrogatione prudenter facta, confessum de onanismo reprehendere, non secus ac de aliis gravibus peccatis, quantum ejus bonum exigere videtur : nec illum absolvunt, nisi sufficientibus signis monstret se dolere de præterito et habere propositum non amplius onanistice agendi.

Verum, cum ex superioribus S. Sedis Apostolicæ Responsis, non omnia de hac materia dubia solvantur, atque interea diversimode a diversis Confessariis cum Onanistis agatur, non sine gravi animarum detrimento ac magno Pastorem mœrore; hinc præfatus

Orator Sanctitatem Vestram, verba vitæ æternæ habentem, reverenter et fiducialiter adit, enixe supplicans ut Vestra Beatitudo ad sequentia dubia benignum dare Responsum dignetur, videlicet :

I. — Quando adest fundata suspicio, pœnitentem, qui de Onanismo omnino silet, huic crimini esse addictum, num Confessario *liceat* a prudenti et discreta *interrogatione* abstinere, eo quod prævideat plures a bona fide exturbandos multosque Sacramenta deserturos esse ? — Annon potius *teneatur* Confessarius prudenter ac discrete interrogare ?

II. — An Confessarius, qui, sive ex spontanea confessione, sive ex prudenti interrogatione, cognoscit pœnitentem esse Onanistam, *teneatur* illum de hujus peccati gravitate, æque ac de aliorum peccatorum mortalium *monere*, eumque (uti ait Rituale Romanum) paterna charitate reprehendere, eique absolutionem tunc solum impertiri, cum sufficientibus signis constet, eumdem dolore de præterito et habere propositum non amplius onanistice agendi ?

Sacra Pœnitentiaria, attento vitium infandum de quo in casu late invaluisse, ad proposita dubia respondendum censuit, prout respondet :

Ad I. Regulariter *negative* ad primam partem ; *affirmative*, ad secundam.

Ad II. Affirmative, juxta doctrinas probatorum auctorum.

Datum Romæ in S. Pœnitentiaria die 10 martii 1886.

Card. MONACO, Pœnit. M.
HIP. CAN. PALOMBI, S. P. Secret.

En voici maintenant la traduction aussi littérale et aussi fidèle que possible, à l'usage des personnes peu ou point familiarisées avec le latin.

Très Saint Père,

L'évêque de N..., humblement prosterné aux pieds de Votre Sainteté, demande à Votre Béatitude des éclaircissements sur certains doutes qui, depuis longtemps, donnent aux Pasteurs des âmes et aux Confesseurs une anxiété d'esprit et de conscience.

Comme Votre Sainteté le sait fort bien, dans plusieurs parties de la France, l'horrible crime d'Onan se répand de plus en plus et jette des racines toujours plus profondes, à tel point qu'il n'y a plus de région qui en soit préservée, et que ceux même qui s'occupent des questions sociales se plaignent publiquement de ce mal désastreux. Presque partout on voit les familles devenir plus rares, non certes parce qu'il n'y a plus de mariages, mais parce qu'ils sont volontairement inféconds. Les choses en sont arrivées à ce point que, tandis qu'autrefois beaucoup d'époux ne cherchaient qu'à éviter une trop nombreuse famille, aujourd'hui un très grand nombre, par un criminel calcul, ne veulent point ou presque point d'enfants. De là vient, au moins en grande partie, la pénurie des ministres de l'Eglise dont beaucoup de diocèses souffrent de plus en plus.

Les Pasteurs des âmes sont émus par les maux que cet usage pervers du mariage entraîne pour la société : mais ils sont beaucoup plus émus et en même temps souverainement attristés par la très grave offense à Dieu et par le très imminent péril des âmes. Et leur douleur s'augmente encore de ce que tous les Confesseurs n'agissent pas de la même manière pour guérir cette plaie ; et que l'on ne peut espérer l'uniformité désirée des Réponses et des Déclarations données jusqu'ici par le Saint-Siège.

Le nœud de la difficulté repose sur la nécessité d'interroger et d'avertir les pénitents.

Tous les Confesseurs et tous les auteurs de théologie morale reconnaissent, à la vérité, la très grande gravité de ce péché ; tous avouent également que le Confesseur, dans ses interrogations, doit user d'une très grande prudence et modestie, et qu'il est mieux de manquer à l'intégrité matérielle de la confession que de scandaliser le pénitent par

une question indiscrète, ou de porter atteinte
à l'honneur du saint ministère. — Mais les
Confesseurs diffèrent entre eux en ceci, savoir : s'il est nécessaire oui ou non d'interroger, en se servant toujours, bien entendu,
d'expressions chastes et modestes.

Plusieurs Confesseurs sont persuadés que
parmi tant de fidèles qui se livrent à la détestable pratique de l'Onanisme, il y en a au
moins quelques-uns dans la bonne foi. De
peur donc que ces rares pénitents ne soient
troublés dans leur bonne foi, ces Confesseurs
pensent qu'il est plus sage de n'interroger
personne sur ce péché, à moins que le pénitent ne commence à s'accuser lui-même et
que les questions n'aient d'autre but que de
rendre la Confession plus facile. — Les mêmes Confesseurs pensent qu'on ne doit pas
avertir le pénitent de la gravité de ce péché,
parce que le pénitent peut ne pas l'estimer
aussi grave qu'il est. Et ces confesseurs sont,
en outre, confirmés dans leur opinion par
cette raison, qu'ils prévoient que la plupart
des époux, ouvertement avertis sur la malice
de l'Onanisme, déserteront les sacrements,
et, par suite, tomberont dans un plus grand
péril de damnation.

D'autres Confesseurs, au contraire, estiment qu'aux ministres de la divine loi, à
qui incombe l'obligation d'instruire les fidèles
de leurs devoirs d'état, le silence ne saurait
être permis, lorsqu'ils voient les préceptes

de la loi naturelle généralement violés. Alors, en effet (pour nous servir des paroles de BENOIT XIV dans sa Bulle Apostolica Constitutio), « le pénitent, ou bien ignore des faits qu'il doit connaître ; ou il se trouve dans des circonstances telles que, si le Confesseur dissimule, le pécheur sera comme approuvé dans sa détestable action, et cela, au grand scandale des autres ; puisqu'on pourra penser que cela est licite que l'on voit faire par ceux qui fréquentent les sacrements de l'Eglise. » — D'où ces Confesseurs estiment qu'il faut interroger sur l'Onanisme toutes les fois qu'il y a un soupçon fondé que le pénitent s'en rend coupable. Ils pensent que le bien commun demande que le pénitent, qui n'est que probablement dans la bonne foi, soit averti clairement, quoique avec discrétion ; ils estiment enfin qu'alors seulement on doit s'abstenir d'interroger et d'avertir (à moins que le bien général n'exige le contraire) lorsque, d'après les circonstances particulières, il est moralement certain que le pénitent se trouve dans la bonne foi et que l'avertissement sera infructueux.

Des Réponses jusqu'ici données par le Saint-Siège, il résulte diverses règles par lesquelles plusieurs doutes touchant cette matière se trouvent élucidés.

Ainsi, d'une Réponse donnée par la Sacrée Pénitencerie, le 14 décembre 1876, à un curé du diocèse d'Angers, il résulte qu'*il n'est pas licite* de favoriser l'erreur des pénitents que beaucoup appellent bonne foi, et qui cependant ne saurait la créer.

Il conste aussi qu'ils ne satisfont pas à leur charge ces Confesseurs qui, lorsque le pénitent accuse simplement le péché d'Onanisme, gardent un profond silence, qui, la confession finie, l'excitent en termes généraux à la contrition et lui donnent l'absolution, pourvu que le pénitent déclare d'une manière générale qu'il déteste tout péché mortel.

Il conste enfin qu'*ils ne méritent aucune réprimande* ces Confesseurs qui (se renfermant dans les limites prescrites par le Rituel romain et par les bons auteurs, touchant les interrogations à faire parfois aux époux sur l'usage du mariage), qui, dis-je, lorsque le pénitent soit de lui-même, soit prudemment interrogé, s'accuse du péché d'Onanisme, n'omettent pas de le reprendre comme des autres fautes graves et ne lui donnent l'absolution qu'autant qu'il a montré par des signes suffisants le regret du passé et la bonne résolution de ne plus agir désormais à la façon d'Onan.

Cependant, comme par ces Réponses du Saint-Siège, tous les doutes sur cette matière ne sont pas résolus, et qu'il reste encore de très diverses manières d'agir par les différents Confesseurs avec les Onanistes, non sans un grand détriment des âmes, et à la grande douleur des Pasteurs ; le Suppliant précité s'adresse avec respect et confiance à Votre Sainteté, qui a les paroles de la vie éternelle, et prie instamment Votre Béatitude de vouloir bien donner une réponse aux doutes suivants, savoir :

I. — Quand il y a un doute fondé que le pénitent, tout en se taisant complètement sur l'Onanisme, s'en rend cependant coupable, *est-il permis* au Confesseur de *s'abstenir* d'une prudente et discrète *interrogation*, parce qu'il prévoit que plusieurs perdront la bonne foi et déserteront les sacrements? Ou bien, plutôt, le Confesseur est-il *tenu d'interroger* avec prudence et discrétion?

II. — Le Confesseur qui, soit par une accusation spontanée, soit par une prudente interrogation, apprend que son pénitent est onaniste, *est-il tenu de l'avertir* de la gravité de ce péché comme des autres péchés mortels, et (comme le dit le Rituel romain), de le reprendre avec une paternelle charité, et de ne lui donner l'absolution que lorsqu'il a montré par des marques suffisantes son repentir du passé et son bon propos de ne plus agir à la façon d'Onan?

La Sacrée Pénitencerie, eu égard à ce vice honteux qui, d'après le cas précité, s'est grandement répandu, aux doutes proposés a jugé bon de répondre et elle répond :

Au Ier. — D'une manière régulière, *négativement* pour la première partie, *affirmativement* pour la seconde.

Au IIe. — *Affirmativement*, selon la doctrine des bons auteurs.

Donné à Rome, à la Sacrée Pénitencerie, le 10 mars 1886.

Card. Monaco, *grand pénitencier.*

Hip. Can. Palombi, *secrét. de la S. P.*

Nous pouvons dire avec saint Augustin : « Rome a parlé, la cause est finie. » *Roma locuta est, causa finita est.* Il n'est plus permis aux Confesseurs de garder le silence : ils doivent interroger leurs pénitents, quand même ils les supposent de bonne foi et n'aient pas l'espoir fondé de leur amendement. Ils ne peuvent ni ne doivent leur donner l'absolution qu'autant que le pénitent aura sérieusement promis de ne plus commettre le péché d'Onan. Et ces conclusions sont d'autant plus rigoureuses que ce n'est pas une Réponse à un *cas particulier,* mais à une *question générale* destinée à mettre l'*uniformité* dans la manière de faire des Confesseurs relativement à l'Onanisme.

Eh bien ! faut-il le dire ? contre ce décret de la Sacrée Pénitencerie on a aussi organisé la conspiration du silence. Quoiqu'il ait paru depuis six ans, on n'en a presque point parlé ; les trois quarts et demi des confesseurs ne le connaissent pas.

Et, puis, on a essayé d'ergoter pour n'avoir pas à s'y soumettre. Ne m'a-t-on pas dit qu'un Religieux de grand renom, professeur dans un Institut catholique, avait déclaré dans une réunion sacerdotale, que les confesseurs, nonobstant le décret précité, devaient s'abstenir d'interroger sur l'onanisme conjugal toutes les fois qu'ils avaient à craindre de troubler la bonne foi de leurs pénitents ? Il a dit que le cas avait été fort mal posé, et que c'était là l'unique cause pour laquelle cette décision paraissait, au premier abord, plus sévère que les précédentes. « Au reste, a-t-il ajouté, je ne vois pas les raisons de cette plus grande sévérité, et je n'en comprends pas la possibilité, attendu qu'il s'agit d'une obligation naturelle et non d'une loi positive. »

Hélas! c'est bien là toujours le système de l'Ultramontain exagéré, qui veut prendre tout le monde, disposé pour cela à faire avec le ciel *presque* des accommodements et qui redoute le péché formel plus que le matériel.

Sans doute, quoique profane, je le sais, c'est un des principes de la morale chrétienne. Mais, je le demande très humblement au savant Religieux, professeur à l'Institut, n'y a-t-il que celui-là? A-t-on enlevé le principe posé par saint Grégoire le Grand, que les confesseurs doivent avertir *individuellement* les époux de se souvenir qu'ils sont unis en mariage pour avoir des enfants et non pour s'amuser? — Qu'il faut instruire ceux qui reçoivent un sacrement ou embrassent un état de vie des nouveaux devoirs que ce sacrement ou cet état de vie leur impose? — Qu'il faut détruire la bonne foi des individus, même sans espoir d'amendement, lorsqu'il y aurait péril social à se taire? — Qu'il faut parler encore et détruire l'ignorance même invincible du pénitent toutes les fois que la violation d'un précepte divin tend à passer dans les mœurs, parce que le silence pourrait en être regardé comme une tacite approbation, et que la foi elle-même serait en péril, puisque les fidèles seraient portés à croire permis ce qui ne l'est pas? — Qu'enfin, lorsqu'il s'agit de la violation d'un des premiers principes de la loi naturelle, la bonne foi *complète* est très rare et n'existe presque jamais? Encore une fois, je vous le demande, mon Révérend Père, ces principes ont-ils disparu de la morale chrétienne, et n'y reste-t-il que la crainte du péché formel?

Vous ne le pensez pas, je suppose. Ni moi non plus.

Mais, s'il en est ainsi, aujourd'hui plus que jamais, les époux ont besoin de se souvenir qu'ils sont mariés pour avoir des enfants; ils ont besoin de connaître les obligations de leur nouvel état de vie ; la prudence malthusienne ou l'Onanisme, car c'est tout un, constitue un immense péril social, c'est une vérité banale qui court les rues ; l'admission aux sacrements d'hommes et de femmes *ostensiblement* malthusiens constitue un vrai scandale pour ceux qui ne le sont pas, au grand préjudice des mœurs et de la foi ; enfin, la bonne foi sur ces matières dont tout le monde parle, est impossible, aujourd'hui plus que jamais. J'ai démontré tout cela, je n'y reviens pas.

Donc il faut que le confesseur, à son tribunal, s'il veut conserver l'intégrité des principes de la morale chrétienne, laisse dormir la crainte du péché formel et n'hésite pas à interroger. Le décret de la Sacrée Pénitencerie n'innove rien ; il ne fait que déclarer *officiellement* aux confesseurs une obligation qui leur incombait déjà par une simple application élémentaire des principes de la morale. L'obligation *plus stricte* d'interroger, qui incombe aujourd'hui aux confesseurs, vient, non pas du décret de la Sacrée Pénitencerie, mais de ce que l'Onanisme, en se généralisant tous les jours davantage, constitue un immense péril pour la société, les mœurs et la foi. Et voilà, si je ne me trompe, la raison de cette plus grande sévérité que ne comprend pas le savant Religieux, professeur à l'Institut catholique.

Vous dites aussi, mon Révérend Père, que

le cas a été fort mal posé. Serait-il mal posé, parce qu'il constate que l'Onanisme fait tous les jours en France des progrès effrayants ; qu'il y a des époux qui veulent réduire le nombre de leurs enfants, non seulement à l'unité, mais encore à zéro ; que c'est là une des principales causes du manque de prêtres ? qu'il y a beaucoup de confesseurs qui gardent sur ces matières un silence *prudent?* Il est certain qu'un homme qui viendrait de faire un voyage de cent ans dans la lune ou ailleurs n'y verrait qu'un tissu d'exagérations et trouverait le cas fort mal posé. Mais un homme, vivant au milieu de ce monde et sachant ce qui s'y passe, trouvera que les choses sont pires et que le cas n'a qu'un défaut, celui d'être au-dessous de la vérité.

Donc, le cas est bien posé ; et il faut que *tous* les confesseurs prennent sur eux la charge désagréable et ennuyeuse d'interroger *tous* leurs pénitents, même au risque de faire déserter les confessionnaux.

Malheureusement, ils n'en font rien, et ils sont disposés à n'en rien faire. Aussi Rome, dit-on, après avoir fait un examen approfondi, se prépare à envoyer à tous les évêques de France une circulaire rappelant aux confesseurs leur devoir sur ces matières.

Mais, hélas! toutes les décisions de la Cour romaine seront impuissantes à enrayer le mal. Elles pourront bien obtenir quelques conversions passagères et partielles, mais non des conversions générales et durables. Et cela pour plusieurs raisons.

1° Parce que les décisions pontificales seront mises sous le boisseau par certains évêques et par beaucoup de confesseurs, qui continueront à garder un profond silence sur ces questions.

2° Surtout, parce que l'esprit de foi n'existe plus, et que chacun, comme je l'ai constaté en traitant de la fin de la Religion, s'attribue le droit de se fabriquer une religion à sa guise, laissant de côté tout ce qui le gêne.

3° Enfin, il faut aussi le dire, parce que c'est trop tard.

Combattez le mal dès qu'il commence, nous dit le poète; le remède arrive trop tard lorsque le temps a déjà permis au mal de jeter de profondes racines.

> *Principiis obsta ; sero medicina paratur*
> *Cum mala per longas invaluere moras.*

Il y a trop longtemps que ce crime est *ostensiblement* pratiqué. Il y a déjà plus de trente ans que le cardinal Pie, dans une instruction synodale à ses prêtres, jetait le cri d'alarme et se demandait avec douleur à quoi servait à la France d'avoir ses quarante mille confessionnaux. Mais sa voix est restée sans écho.

Aussi le R. P. Caussette écrivait-il dans son livre, *Dieu et les malheurs de la France :*

« Le mariage n'est plus aujourd'hui qu'une association de plaisirs sans but. Pendant que l'homme épuise la fécondité de la terre, il limite la sienne, afin d'avoir beaucoup à recevoir et peu à donner. De cette sorte, le mariage est le couvert d'une immoralité raffinée, une sorte d'irresponsabilité dans le libertinage; et notre époque est affligée de deux monstruosités corrélatives, la seconde servant de châtiment à la première; des parents qui s'attristent à la naissance de leurs enfants et des enfants qui se réjouissent à la mort de leurs parents. »

Voilà ce qu'écrivait le R. P. Caussette au lendemain de nos désastres de 70. Hélas! que dirait-il aujourd'hui que la gangrène a complètement tout gagné?

Il est vrai que depuis quelque temps les journaux, les folliculaires, voire même les corps savants et jusqu'à la Faculté de Médecine, toutes gens qui prétendent remplacer la foi avec avantage, ont imaginé des remèdes *souverains* contre ce qu'ils appellent : *la dépopulation de la France.*

Évidemment, si le mal était *physiologique*, il appartiendrait surtout à la Faculté de médecine de chercher et même peut-être de trouver le remède. Au reste, il est certain qu'aujourd'hui, par différents moyens, surtout par la fécondation artificielle, dont je ne veux pas discuter la moralité, on peut supprimer la stérilité dans un grand nombre de cas.

Malheureusement, le mal n'est pas *physiologique*, il est *moral*. La stérilité n'est pas *naturelle*, elle est *volontaire*.

Le remède doit donc s'attacher uniquement à changer sur ce point la volonté de l'homme et de la femme. Et ce ne seront certes pas les avantages plus ou moins réels, les honneurs plus ou moins illusoires que nos gouvernants pourraient octroyer aux familles nombreuses, qui obtiendront un changement notable sur ce point.

Il faut pour cela un remède *moral*, il faut que l'homme et la femme se soumettent pleinement aux obligations de la morale évangélique ; il faut que les pasteurs l'enseignent *sans sourdine* et que les confesseurs l'appliquent *sans faiblesse*.

Voici un article inséré dans l'*Univers* du 9 septembre 1890, intitulé : *Un grand péril*, qui résume admirablement la question du remède au Malthusianisme.

« Tout d'abord, on fait de la statistique. On calcule l'heure où la France, par suite de l'amoindrissement de sa population, disparaîtra comme grande nation, et ne sera peuplée que du superflu que nous enverront des voisins plus prolifiques que nous, c'est-à-dire que la France cessera d'être la France pour devenir un ramassis d'Allemands, d'Italiens, d'Espagnols, de tout, excepté de Français. Cela n'est pas difficile, et pas n'est besoin d'avoir fait des mathématiques transcendantes pour résoudre ce côté du problème.

« La vraie question serait de signaler la vraie cause du mal et d'y appliquer le vrai remède. Mais cela, paraît-il, est plus difficile, parce que la statistique ne peut pas y être d'une grande utilité. Ce problème est surtout moral et religieux, et l'Institut, pas plus que le journalisme, n'a mission pour le résoudre. Il posera bien les données du problème, il verra clair dans ce qu'il touche ; mais le côté le plus élevé de la question lui échappe, parce qu'il ne s'occupe que du naturel et qu'il ne saisit pas que le surnaturel se mêle à tout ce qui tient au passage de l'homme ici-bas.

« Pour traiter à fond cette question si grave, il faudrait que l'Institut fût une Université de théologie, ce dont il est loin. Allez donc parler à la plupart des collègues de M. Renan de la déchéance de l'humanité provenant d'une faute du père du genre humain, allez donc leur parler du péché originel. Et pourtant le nœud du problème est là. Si l'homme était disposé à se soumettre aux conséquences qui résultent pour lui de la déchéance, le problème serait résolu, ou plutôt il n'existerait pas.

« Au lendemain de la chute, Dieu dut frapper l'homme resté orgueilleux et révolté

et n'avouant son crime qu'à demi. Dieu lui
dit : « Tu mangeras ton pain à la sueur de
ton front. » Et il ajouta à la femme : « Tu
enfanteras dans la douleur. » C'était une loi
que Dieu faisait et qui devait s'appliquer à
tous les descendants d'Adam. Tant que
l'homme et la femme ont accepté cette double
loi, cette épreuve qui était pour eux une
expiation ; tant que la religion, c'est-à-dire
le surnaturel, a exercé sur eux l'empire auquel il a droit, ce mal *n'existait pas*, ou du
moins n'existait qu'à *l'état d'exception*, car
il faut remonter haut pour trouver le crime
d'Onan.

« Mais, depuis que le souffle du rationa-
lisme a pénétré à travers tous les rangs de la
société, depuis que la foi est affaiblie dans
les âmes, qu'on craint moins l'enfer et qu'on
espère moins le ciel, l'homme, toujours as-
soiffé de bonheur, le cherche dans les jouissances de la vie, et il a voulu se soustraire à
cette double peine : « Tu mangeras ton pain
à la sueur de ton front », et : « Tu enfanteras dans la douleur. »

« Avec l'amoindrissement des croyances
religieuses s'est glissé dans tous les rangs de
la société, mais tout d'abord dans les rangs
des plus riches, l'amour du bien-être, et
l'amour du bien-être rend souverainement
égoïste. On aime le bien-être pour soi d'a-
bord, et ensuite pour l'unique rejeton qu'on
se sera résigné à avoir. Cet homme et cette

femme, limitant leur famille, donnent un démenti à la parole de Dieu : « Croissez et multipliez-vous », parce qu'ils veulent jouir et parce qu'ils ne veulent pas se donner le souci d'élever et d'établir, non pas un enfant, mais des enfants. Pour cela, il faudrait manger son pain à la sueur de son front, ce qu'ils ne veulent pas.

« Il est certain que l'amour du bien-être est la grande plaie de notre société décrépite et sans croyance... Si l'on excepte le service de l'Etat, où retient jusqu'à un certain âge l'attente de la retraite, généralement le boutiquier, le négociant, et trop souvent le notaire, le médecin, etc , entreprennent, un peu *per fas et nefas* de faire fortune en dix ou quinze ans, pour ensuite se retirer et jouir, c'est-à-dire ne rien faire ou, tout au plus, tuer le temps dans des voyages, dans des lieux de plaisir ou d'amusement. Mais on a eu soin pour en arriver là de se garer contre la parole de Dieu : « Tu mangeras ton pain à la sueur de ton front », et : « Tu enfanteras dans la douleur. »

« A ce mal, il ne faut pas chercher une cause physique : la preuve, c'est que là où l'on ne fait pas les mêmes calculs égoïstes, soit parce qu'il n'y a pas lieu de les faire, comme dans la classe ouvrière qui vit au jour le jour, soit parce que la conscience y met obstacle, comme dans les régions qui sont encore vivifiées par la foi, les enfants

ne manquent pas. Sans doute, nos lois anti-
sociales sur le partage égal et forcé peuvent
être pour quelque chose dans ce fléau, c'est
là une cause secondaire qui n'est pas à dé-
daigner, mais enfin qui reste secondaire. La
vraie cause est *morale* et *religieuse*. On ne
considère plus la vie comme un voyage plus
ou moins pénible vers l'éternité ; on la prend
comme un but, et on veut se débarrasser ou
plutôt ne pas s'embarrasser de tout ce qui
causerait peine et fatigue. On ne considère
pas le Ciel comme une récompense suffisante, et l'on veut s'assurer tout d'abord les
jouissances de ce monde. En un mot, c'est
la foi qui manque. Le vrai remède, le remède
qui ne soit pas un palliatif vain, qui enlève
la racine même du mal; c'est le retour à la
foi, aux *croyances pratiques* de la religion ;
c'est le retour à la soumission à la loi de
Dieu, à la confiance en la Providence, qui ne
laisse pas l'oiseau sans pâture et veille sur
toutes les créatures. Tous les autres remèdes
inventés par l'imagination des folliculaires
et même des savants qui comptent peu sur
Dieu sont impuissants. L'impôt sur les cé-
libataires n'aurait pas empêché Rome de
se dépeupler, si les barbares n'étaient venus combler les vides faits dans les rangs des
citoyens.

« Il y en a qui proposent de faire l'Etat
héritier des mariages sans enfants ou de
prendre une quote-part d'enfant quand le

nombre n'atteint pas un chiffre de.....; mais la propriété est antérieure et supérieure à l'Etat, qui, jusqu'à un certain point, peut en régler l'usage. On parle encore de faire certains avantages ou de rendre certains honneurs aux familles nombreuses. Mais qu'est-ce que cela en comparaison des peines, des fatigues, des soucis que donnent l'éducation des enfants.

« Il n'y a qu'un moyen qui puisse agir efficacement sur ceux qui sont destinés à devenir père et mère, c'est la *conscience*. Et la conscience ne parle qu'à ceux qui sont convaincus de la sainteté du mariage et des devoirs graves et sérieux qu'il entraîne après lui. Quand, envisageant l'éternité à travers la vie, les époux se seront dit : « Dieu a ainsi prononcé : — *Tu mangeras ton pain à la sueur de ton front* — et : *Tu enfanteras dans la douleur* ; nous nous soumettons, confiants dans la Providence, à cette épreuve » ; il n'y aura plus à disserter sur la dépopulation de la France, le remède sera trouvé, ou plutôt *le mal n'existera plus.* »

Voici maintenant les réflexions que fait M. Jules Simon dans le journal *le Temps,* à la date du 24 août 1892.

« Des changements intervenus dans les lois et dans les mœurs ont diminué le nombre des mariages. Il faudra quelque jour y penser.

« Nous avons décidé que tous les jeunes

Français seraient soldats depuis vingt et un ans jusqu'à vingt-quatre. Cette mesure augmente sans doute le nombre des soldats ; mais elle diminue le nombre des mariages, et par conséquent celui des hommes.

« Pendant que les bossus et les infirmes conservent le droit de se marier de bonne heure, les bien conformés et les valides sont astreints à trois années de célibat.

« Ils n'ont personne pour leur prêcher la morale pendant ces trois années. Les hommes prennent les habitudes du régiment qui ne sont pas les habitudes d'un couvent.

« Quand ils reviennent au pays, je ne dis pas qu'ils aient de l'antipathie pour le mariage, *mais ils savent le moyen de s'en passer.*

« Les uns se remettent à la charrue, sans redevenir pourtant des paysans. Les autres s'enrôlent dans les usines. S'ils sont patrons ou contremaîtres, ils ont un *sérail* à leur disposition. Ils peuvent *exiger*. De leur côté, ils ne risquent rien. La recherche de la paternité est interdite. Et si la mère les gêne, ils la *chassent*. Qui les retiendrait? qui les contiendrait? La *loi* ou la *foi*. La loi est faite tout exprès pour eux ; la foi, *il n'y en a plus*.

« Je ne dis pas, car je ne veux rien exagérer, qu'on sorte toujours du régiment sans une foi religieuse ou morale. Je ne dis pas non plus que le régiment ne soit pas une bonne école de patriotisme et d'honneur militaire. Je dis simplement que ce n'est pas une *école de chasteté*. Et je me permets d'ajouter *qu'on n'a fait la place de Dieu* ni dans le code, ni dans le règlement militaire.

« Le nombre des mariages, qui était de 289,555 en 1884, est tombé en 1890 à 269,332. Nous venons en Europe au onzième rang pour le nombre des mariages. Nous n'avons derrière nous que l'Irlande.

« Dans cette situation, M. Naquet a jugé à propos de rétablir le divorce. Les divorces prononcés chaque année viennent en déduction du nombre des mariages. On peut dire que le mariage diminue *par tous les bouts*.

« Le divorce marche bien. Nous avons eu *1,657* divorces en 1884 et *5,457* en 1890.

« Alexandre Dumas nous dit : « Puisque le mariage ne donne pas, adressez-vous à l'atelier *qui ne chôme jamais ;* rétablissez les tours, prenez les enfants naturels. »

« Mais les tours sont rétablis sous la forme des bureaux d'abandon, moins favorables aux infanticides. L'atelier qui ne chôme jamais *supprime une effroyable quantité de ses produits.* Et les enfants qu'il veut bien nous livrer, sont soumis à une mortalité beaucoup plus grande que celle des enfants légitimes.

« Le chiffre des naissances a décru de *100,000* en moins de dix ans. Cette diminution porte *surtout* sur les naissances *légi-*

times, et elle a pour cause principale, on n'en saurait douter, la *restriction volontaire*. On n'a pas d'enfants, parce qu'on ne veut pas en avoir, et on ne veut pas en avoir, et surtout en avoir beaucoup, parce que cela coûte trop cher.

« Ici encore, à l'origine principale de la dépopulation, nous trouvons la même cause qu'à la diminution des mariages.

« La même loi religieuse ou morale qui nous fait un devoir d'élever nos enfants, nous fait un devoir de ne pas les supprimer.

« Or, il y a trois manières de supprimer les enfants, l'assassinat, l'avortement ou la *restriction volontaire*.

« Le mouvement est bien rapide. Quand nous parlions de dépopulation, l'année dernière, on nous disait : « Ce n'est pas une *dépopulation*, c'est un accroissement de la population *moins rapide* en France que dans les autres pays. » Aujourd'hui, c'est bel et bien *dépopulation* qu'il faut dire.

« On nous a déclaré que cette décroissance de la race étant une conséquence du progrès de la civilisation, nous devions en être fiers. Cette gloriole de nouvelle espèce ne nous profitera pas devant l'ennemi.

« Je demande à grands cris qu'on nous ramène à la morale, à la *vraie* morale, qui n'est pas celle des suggestions, des crimes passionnels, des adultères admirables et des assassins irresponsables.

« C'est l'absence de morale qui diminue le nombre des mariages, c'est l'absence de morale qui augmente le nombre des divorces; c'est l'absence de morale qui supprime un nombre incroyable d'enfants dans les unions clandestines, et c'est l'absence de morale qui diminue de plus en plus le nombre des enfants dans les unions légitimes.

« *Il n'y a que la Foi qui sauve.*

« Jules SIMON. »

Malheureusement, la Foi ne sauvera pas, car la France, s'éloignant toujours davantage de la Religion, s'enferme de plus en plus dans le péché malthusien.

Jusqu'ici, en effet, il y avait eu un *léger excédent* de naissances sur les décès. Mais, en 1890, grâce, sans doute, à la laïcisation, qui commence à porter ses fruits, a commencé la véritable dépopulation. Voici les chiffres donnés par l'*Officiel* :

Naissances. 838,059

Décès. 876,505

Différence en faveur des décès, ... 38,446

Mais qu'importe, poursuivons notre tâche quand même. Et, après avoir réfuté les excuses masculines, féminines et cléricales, voyons ce qu'est le Malthusianisme par rapport au mariage lui-même.

CHAPITRE IX

LE MALTHUSIANISME ET LE MARIAGE

SOMMAIRE. — Nullité des mariages malthusiens. Autorité de saint Augustin et de saint Thomas. Le mariage est-il nul quand on ne veut avoir qu'un ou deux enfants ? Observations sur le vœu de chasteté.

J'ai dit qu'il y avait relativement peu de mariages valides, au for intérieur, parce qu'il y a peu d'époux qui aient l'intention de s'engager, en se mariant, à respecter l'unité et la perpétuité.

Mais maintenant, vu l'universalité des pratiques malthusiennes insérées presque toujours comme condition, au moins implicite, dans le contrat conjugal, je puis dire, en toute vérité, que presque tous les prétendus mariages que nous voyons ne sont que des *masques* servant de couvert à une immoralité raffinée, et qu'en somme, il n'y a pas beaucoup, en France, d'hommes et de femmes vraiment mariés.

L'essence du contrat conjugal consiste, en effet, en ce que l'homme et la femme se li-

vrent mutuellement leur corps pour se donner un droit réciproque à la procréation;
tandis qu'aujourd'hui ils se donnent l'un à
l'autre, non plus pour *procréer*, mais *uniquement et exclusivement pour s'amuser.*
C'est donc un contrat qui a pour objet une
chose *déshonnête*, et, par suite, un contrat
nul, malgré toutes les apparences contraires,
tant il est vrai de dire que nous en sommes
en tout et pour tout sous le règne exclusif
des *masques*. Oui, je le répète, tout homme
et toute femme qui se donnent l'un à l'autre
pour pratiquer la prudence malthusienne ne
sont pas *vraiment mariés.* L'homme qui a
pris femme dans ce but a donné un consentement essentiellement vicieux et par conséquent nul; il en est de même de la femme.
Et il est à remarquer qu'il suffit que l'un des
deux ait donné son consentement dans ces
conditions pour que le mariage soit frappé
de nullité; car le contrat matrimonial, comme
tout contrat bilatéral, requiert le consentement *valide* des deux conjoints.

Je sais bien qu'au *for extérieur* et au point
de vue *canonique*, ces conditions incompos-
sibles avec l'essence du mariage sont regardées comme non avenues, à moins qu'elles
n'aient été formellement exprimées dans le
contrat. Mais il n'en est pas moins vrai qu'au
for intérieur de la conscience, de pareilles
conditions vicient essentiellement le consentement et le rendent nul en réalité, et qu'il

suffit d'un consentement nul pour que le mariage le soit aussi, puisqu'il est de l'essence de tout contrat bilatéral de requérir *deux consentements valides.*

Or, quel est le mariage où il n'y en ait pas au moins un qui ait prétendu se donner le droit à l'usage des pratiques malthusiennes? Et, dans ce cas, qu'est-ce autre chose, sinon le droit à l'immoralité, puisque la prudence de Malthus constitue, comme je l'ai démontré, le péché le plus grave contre les mœurs, après la bestialité et la sodomie? Cette prudence, supprimant la fécondité, est tout à fait l'opposé du mariage, puisque le mariage, c'est le droit à la procréation. Ces unions malthusiennes constituent donc la vie prostitutionnelle élevée à sa dernière perfection et se cachant sous le masque d'un vrai mariage : car je suis certain que, malgré les preuves que je viens d'accumuler, des hommes *sérieux* et *bien pensants* continueront à regarder les unions malthusiennes comme de vrais mariages et taxeront la doctrine contraire *d'exagération* et de *nouveauté.*

Eh bien! pour leur montrer jusqu'à quel point cette doctrine est nouvelle et exagérée, nous allons examiner ce qu'en pensent saint Augustin et saint Thomas.

D'abord, saint Augustin (Contra Faustum, lib. XIX, cap. v). Sic dicitur matrimonium ex hoc quod mulier non debeat ab aliud nubere nisi ut sit mater. « L'union conjugale est appelée mariage parce que la femme ne doit pas se marier *pour autre chose que pour être mère.* »

Et ailleurs, il traite la question ex professo, pour ainsi dire (De bono conjugali, cap. v). Solet quæri. Cum masculus et femina, nec ille maritus, nec illa uxor alterius, sibimet, non filiorum procreandorum sed pro incontinentia solius concubitus causa copulantur, ea fide media, ut nec illa cum altero, nec ille cum altera faciat, id, utrum nuptiæ sint vocandæ? Et potest fortasse non absurde hoc vocari connubium, si usque ad mortem alicujus eorum id inter eos placuerit, et *prolis generationem*, quamvis non ea causa conjuncti sunt, *non tamen vitaverint* ut vel nolint sibi nasci filios, vel etiam opere malo aliquo agant ne nascantur. Cæterum si vel utrumque vel horum unum desit, non invenio quomodo has nuptias appellare possimus. Ecce conjuges dicuntur qui solius concubitus causa conveniunt, si tamen *prolis generationem non aliquo malo dolo vitent.*

Pour la pleine intelligence de ce texte, il faut savoir que l'Eglise a admis jusqu'au concile de Trente et qu'elle admet encore, là où le décret du concile n'a pas été promulgué, la validité des mariages dits *clandestins,* consistant en ce que un homme et une femme se donnent mutuellement, sans cérémonie et sans témoins, le consentement matrimonial : « Je te prends pour mon épouse;

— Je te prends pour mon époux. » Ces explications une fois données, voici la traduction du passage tiré de saint Augustin.

« On pose souvent cette question. Un homme et une femme non mariés tous les deux, s'unissent non pour avoir des enfants, mais par incontinence, pour avoir des rapports sexuels, avec cette condition cependant que ni l'un ni l'autre n'iront jamais ailleurs : peut-on appeler cela mariage ? — Il peut n'être pas absurde d'appeler cela mariage, s'il est entendu que l'union durera jusqu'à la mort de l'un des deux, et que la génération des enfants, quoique n'étant pas le but, *ne sera pas évitée*, soit parce qu'ils n'en veulent pas, soit parce qu'ils les empêchent de naître par des pratiques abortives. Mais, si ces deux conditions ou l'une d'elles font défaut, *je ne vois pas comment on pourrait appeler cela mariage*. Ainsi donc on peut donner le nom d'époux à ceux qui s'unissent n'ayant d'autre but que les plaisirs charnels, pourvu toutefois *qu'ils n'évitent pas la génération des enfants par quelque mauvaise fraude*.

On le voit donc, saint Augustin exige comme une condition *absolument essentielle* que l'homme et la femme *n'évitent pas* la génération des enfants pour qu'ils puissent mériter le nom d'époux.

Voici maintenant la doctrine de saint Thomas (Suppl. q. 47, art. 5). *Conditio apposita (consensui) aut est de præsenti, aut de futuro. Si de præsenti et non est contraria matrimonio, sive sit honesta, sive non honesta, stat matrimonium stante conditione. Sed si sit contraria bonis matrimonii, non efficitur matrimonium, sicut etiam de sponsalibus dictum est* (Suppl. q. 43, art. 1), *ut si quis dicat : Accipio te si venena sterilitatis procures.* La condition mise au consentement peut regarder soit le présent, soit l'avenir. Si elle concerne le présent et qu'elle ne soit pas contraire au mariage, serait-elle honnête ou déshonnête, le mariage est valide, pourvu que la condition soit vérifiée. Mais, si la condition est contraire aux biens du mariage (qui sont, d'après saint Thomas, la fécondité, la fidélité et le sacrement, *proles, fides, sacramentum*), alors il n'y a pas de mariage, comme si l'on disait, par exemple : *Je te prends à la condition d'éviter la fécondité.*

Et un peu plus loin, saint Thomas dit encore :

Considerari possunt proles et fides secundum quod sunt in suis principiis, ut pro prole accipiatur intentio prolis, et pro fide intentio servandi fidem, *sine quibus etiam matrimonium stare non potest.* On peut considérer la fécondité et la fidélité en tant qu'elles sont dans leurs principes, en ce sens que par fécondité on entend *l'intention d'avoir des enfants*, et par fidélité, la volonté de garder la foi promise, *et sans ces deux conditions*, *il ne peut pas y avoir mariage*.

Il faut donc, d'après saint Thomas, que ceux qui se marient aient *l'intention*, au moins implicite, *d'avoir des enfants* et de se garder mutuellement la foi promise. Sans cela, le mariage ne saurait subsister, bien que les pratiques malthusiennes ou les infidélités subséquentes ne puissent rompre le lien conjugal existant déjà, comme l'enseigne ailleurs le même saint Thomas, car, pour que le mariage soit nul, il faut que la condition soit apposée au *contrat lui-même*.

Voici maintenant ce qu'enseignait tout récemment un savant et saint religieux, pendant vingt ans professeur de morale dans un grand séminaire. Je donne cela pour l'usage de ceux qui trouveraient la doctrine de saint Augustin et de saint Thomas *trop vieille*, c'est-à-dire, *vieillie*.

Conditio repugnans substantiæ matrimonii, id est, generationi, unitati aut perpetuitati, in pactum deducta et expresse dicta, excludit veritatem matrimonii; siquidem tunc habetur consensus, non in matrimonium, sed in rem incompossibilem cum matrimonio. Si autem conditio non in pactum deducatur, sed interne tantum habeatur, in foro externo censetur valere matrimonium, quia tunc attenditur tantum ad id quod in pactum deducitur; in foro autem interno nullum est matrimonium, siquidem saltem ex una parte non fuit verus consensus.

Attamen fieri potest ut ex consuetudine, vel lege, vel religione alicujus regionis, matrimonium censeatur habere quasi secum annexam conditionem hujusmodi, v. gr. polygamiam aut divortium. Hoc autem posito, contrahens matrimonium potest habere intentionem prædominantem contrahendi matrimonium eo modo ut valeat, vel intentionem prædominantem contrahendi matrimonium depedenter ab hujusmodi conditione : in priori casu valet matrimonium, in posteriori non valet.

Voici la traduction : Une condition répugnant à la substance du mariage, comme à la génération, à l'unité ou à la perpétuité, explicite et exprimée dans le contrat, exclut la vérité du mariage, parce qu'alors il y a un consentement, non plus au mariage, mais à une chose incompossible avec le mariage. Que si la condition n'est ni explicite, ni exprimée dans le contrat, mais seulement dans la volonté ; au *for externe,* le mariage est censé *valide,* parce qu'on ne fait attention qu'à ce qui est inséré dans le contrat; mais dans le *for interne,* le mariage est *nul,* parce que, au moins d'un côté, il n'y a pas eu un *véritable* consentement.

Cependant il peut arriver que par suite des coutumes, des lois ou de la religion d'un pays, le mariage soit regardé comme admettant de telles conditions, par exemple, la polygamie ou le divorce. Et alors celui qui se marie peut avoir pour *intention prédominante* ou bien de contracter un mariage valide avant tout, ou bien de subordonner le mariage à la condition. Evidemment le mariage est valide dans le premier cas, nul dans le second.

Pour contester la nullité des mariages malthusiens, viendra-t-on me dire que la plupart de ceux qui se marient de la sorte ont *avant tout* l'intention de contracter mariage?

Hélas! voulez-vous savoir à quoi vous en tenir? Consultez les époux et les épouses après leur avoir fait connaître les obligations essentielles du mariage. Tous et surtout toutes vous répondront d'un cri sincère et partant du cœur : *Si j'avais su, je ne me serais jamais marié.* L'intention prédominante des époux était donc bien de se donner réciproquement le droit aux amusements malthusiens, nullement le droit à la procréation, et par conséquent leur mariage reste frappé de *nullité.*

En outre, la génération étant ce qu'il y a de plus essentiel au mariage, comme l'enseigne saint Thomas, beaucoup plus essentiel que l'unité et la perpétuité; il n'y a pas de coutumes, de lois, de religions, qui puissent faire regarder de bonne foi la suppression de la fécondité comme une annexe du mariage. Sur cette matière, la bonne foi est impossible au moins d'une manière générale ; et, par conséquent, tous ceux qui contractent des unions malthusiennes s'engagent d'une manière plus ou moins consciente à une chose incompossible avec l'essence même du mariage ; c'est-à-dire qu'au for intérieur de la conscience, leur mariage se trouve frappé de *nullité*.

Mais, me dira-t-on, le mariage est-il aussi nul lorsque les époux ont l'intention, non pas de supprimer, mais de limiter la fécondité ? De la sorte, le nombre des mariages nuls serait de beaucoup diminué ; car, s'il y a certains époux qui ne veulent aucun enfant ; le grand nombre cependant en veut un ou deux ?

A cette question, je n'ai pas trouvé de réponse directe dans les auteurs que j'ai pu consulter. Un savant et saint religieux, à qui je l'ai soumise, m'a répondu qu'il ne se chargeait pas de la résoudre et qu'il considérerait le mariage comme *douteux*.

Quant à moi, après avoir bien examiné et bien réfléchi, je reste convaincu que de tels mariages sont aussi *nuls* que si les époux n'avaient voulu aucun enfant.

Par le mariage, en effet, l'homme et la femme se donnent un droit mutuel et réciproque à la procréation. C'est en cela que consiste essentiellement le consentement matrimonial. Ce droit est de sa nature *illimité*, c'est-à-dire, que le mari a le droit *d'épuiser* la fécondité de son épouse, et que la femme a le droit d'exiger *indéfiniment* des rapports fécondants de son mari. Par conséquent, ceux qui se marient avec l'intention et à condition de n'avoir qu'un ou deux enfants, mais d'user, quand bon leur semblera, de la prudence malthusienne, apposent *deux conditions* contraires toutes les deux à la nature et à l'essence du droit matrimonial. Le consentement est donc *essentiellement vicieux* et, par suite, le mariage *nul*.

En outre, chez ceux qui se marient de la sorte, l'intention d'avoir un ou deux enfants est regardée comme *facultative*, ou, si elle est regardée comme obligatoire, c'est par suite de conventions *particulières*, mais nullement par *la force* du contrat matrimonial, qui, d'après eux, ne les oblige qu'à des rapports malthusiens.

Or, un homme et une femme, même acceptant un ou deux enfants, qui prétendent ne s'obliger par le consentement matrimonial qu'à des rapports malthusiens, donnent un consentement qui *répugne* au bien le plus essentiel du mariage, c'est-à-dire à la génération. Donc leur mariage est *aussi nul* que celui de l'homme et de la femme qui ne veulent aucun enfant.

Voilà quelques-unes des raisons qui me semblent démontrer péremptoirement la nullité des mariages malthusiens même avec un ou deux enfants.

Au reste, la question ne saurait avoir de grandes conséquences pratiques, puisque le mariage n'est nul qu'au *for intérieur* de la conscience, et que les conjoints n'ont qu'une chose à faire, remplacer le consentement malthusien par un consentement matrimonial. Cependant, si l'un des conjoints ne pouvait en aucune façon être amené à donner un consentement matrimonial, et si la condition malthusienne avait été apposée d'une manière ou d'une autre au contrat lui-même, comme malheureusement cela arrive trop souvent de nos jours, je crois que l'autre pourrait plaider en Cour de Rome la nullité du mariage *par défaut de consentement*. Peut-être n'obtiendrait-il rien, car Rome, avant de se prononcer, veut avoir des preuves bien claires et bien évidentes. Dans tous les cas, je lui conseillerais d'essayer.

Il existe, en effet, un décret inséré dans le Droit canon (cap. VII, titre V, lib. 4, Decret) qui déclare *nuls* les mariages contractés avec la *condition d'éviter la famille; caret* effectu matrimonialis contractus, si apposite fuerit *conditio de generatione vitanda.*

Et, pour montrer que ce décret n'est pas caduc, je puis affirmer qu'il a été plaidé récemment, à la S. Congrégation du Concile, une cause venue d'un archidiocèse de France, où l'époux demandait l'annulation du mariage, parce qu'il avait été contracté à la *condition d'éviter la famille*.

La décision, il est vrai, n'a pas été favorable, mais uniquement parce que la condition d'éviter la famille n'a pas parue *suffisamment prouvée*. In causa haud ratis probaturæ videtur eam conditionem revera in pactum fuisse deductam. Hinc ad dubium : An constet de matrimonii nullitate in casu; rescriptum fuit. — *Negative*.

En proclamant que le mariage contracté avec l'intention d'éviter la famille est un mariage nul, je n'ai fait que suivre la doctrine de saint Augustin et de saint Thomas, voire même de nos théologiens modernes. Cette doctrine n'est donc ni *trop ancienne*, ni *trop nouvelle*, ni surtout *exagérée*, et j'avais bien raison de dire que ce qu'on décore communément aujourd'hui du nom de mariage, n'est que la *vie prostitutionnelle* élevée à sa dernière perfection. Après cela, il ne reste vraiment plus qu'à voir *les hommes se marier entre eux ou bien encore se marier avec les bêtes;* puisque ce qu'on cherche dans le mariage, *ce n'est pas une femme pour la féconder, mais un instrument de plaisir pour s'amuser*.

C'est pourquoi, après avoir démontré la nullité de mariages malthusiens, il nous faut maintenant examiner le malthusianisme et ses immondices.

CHAPITRE X

LE MALTHUSIANISME ET SES IMMONDICES

SOMMAIRE. — Fleuve de boue. Pourquoi il faut à la France un vidangeur. Un peu de statistique. Malthusianisme dans la vie prostitutionnelle. Avortement. La sage-femme des Batignolles. L'affaire Fouroux. Les théories et les pratiques fin de siècle. Sodome et Gomorrhe.

M. Drumont, dans son livre *la Dernière Bataille*, nous parle du *fleuve de boue* accumulée par les iniquités· contemporaines. Il ne nous parle, hélas! que des ruisseaux et des petites rivières; car le *vrai* fleuve, le voilà! Ce fleuve roule tous les jours dans ses flots nauséabonds tous les germes humains qui devaient faire la grandeur de la France. Toutes les immoralités racontées par M. Drumont, fornications, viols, adultères, etc., ne sont rien à côté de cette immoralité universelle, permanente, de tous les jours et de tous les instants, légitimée, respectée, honorée, et complètement passée dans les mœurs. Qu'on calcule, si l'on peut, toutes les existences rejetées tous les jours dans le néant, tous les milliers, peut-être tous les millions de germes humains allant tous les jours grossir le fleuve immonde !

On s'est demandé, en 1889, à l'époque des élections, pourquoi M. Constans était le *lion du jour*. La raison pourtant est bien simple : la France est une *sentine* et il lui faut un *vidangeur*. Mais, hélas ! le vidangeur peut revenir au pouvoir ; pour aussi habile qu'il soit, il n'aura de pompes ni assez perfectionnées, ni assez puissantes pour empêcher le fleuve de boue d'inonder, de submerger et de noyer le pays dans un cloaque pire que celui dans lequel sombra l'Empire romain.

Pour nous donner une idée de l'immensité de ce fleuve, faisons un peu de statistique.

Voici le relevé de la situation des familles, fait en vue des privilèges accordés récemment par les Chambres françaises aux pères de sept enfants vivants (exonération de la cote personnelle et mobilière, privilège qui n'a duré qu'une année, et droit de faire donner gratuitement à l'un des enfants l'instruction secondaire aux frais de l'Etat).

Ménages sans enfants.	2.000.000
Ménages à un enfant.	2.500.000
Ménages à deux enfants.	2.300.000
Ménages à trois enfants	1.500.000
Ménages à quatre enfants	1.000.000
Ménages à cinq enfants..	550,000
Ménages à six enfants	330.000
Ménages à sept enfants et au delà.	200.000
Total. . . .	10.380.000

Eh bien! sur ces dix millions de ménages, je crois pouvoir dire, en comparant ceux que je ne connais pas à ceux que je connais, qu'il n'y en a peut-être pas *cent mille* qui ne soient pas des unions malthusiennes.

D'abord, pour les deux millions de ménages sans enfants, il faut bien admettre qu'il y en a au moins un million qui n'en ont jamais voulu ou qui n'en ont voulu que trop tard; en calculant ainsi, je me montre généreux; car, parmi ceux que je connais, il y en a au moins neuf sur dix. Parmi le million qui reste, nous pouvons bien en mettre neuf cent quatre-vingt-dix-neuf mille qui voulaient faire comme *les autres*, qui avaient l'intention de n'en avoir qu'un ou deux au plus.

Dans les quatre millions huit cent mille ménages à un ou à deux enfants, admettons, pour nous montrer généreux, qu'il y en ait *un sur cent* dont la femme soit devenue in-

capable d'une nouvelle conception, et dont
les époux fussent disposés à accepter sans
réserve la bénédiction du Seigneur : « Croissez et multipliez-vous. »

Dans les ménages à trois, quatre, cinq,
six, sept... enfants, il n'y en a certainement
pas *un sur dix* qui ne soit malthusien : tous,
ou presque tous, se sont trompés ! Je l'ai démontré ailleurs, je n'y reviens pas.

Voilà donc, en France, *neuf millions neuf
cent mille faux mariages* ou unions malthusiennes prétendues légitimes ! Voilà donc
neuf millions neuf cent mille germes humains stérilisés à peu près tous les jours ; car
j'ai tout lieu de croire que les époux qui
s'abstiennent parfois sont largement compen-
sés par ceux qui *s'embrassent* plusieurs fois
par jour, et aussi par les unions *légalement*
illégitimes.

Là aussi, en effet, on use de la prudence
malthusienne. Les *horizontales,* comme on
dit aujourd'hui, pas plus que les épouses
prétendues légitimes, ne veulent des charges
de la maternité. Bien plus, celles-ci, quand
leurs amants se sont trompés ou les ont
trompées, se débarrassent de leur fardeau
sans remords. Je connais même plus d'une
femme très chaste, très honnête, très vertueuse, très chrétienne, très pieuse, qui ne
s'est pas fait scrupule de les imiter. Que
voulez-vous ? *L'honneur avant tout !*

Cependant, cette seconde abomination,

quoique assez commune pour qu'il se trouve
partout des hommes et surtout des femmes
de l'*art*, qui en font une *spécialité*, n'est pas
encore tout à fait universelle comme la pré-
cédente, et il reste certaines femmes qui rou-
giraient de se livrer aux pratiques d'un avor-
teur.

Mais, attendons quelques années, et les
pratiques abortives viendront *ouvertement*
au secours des maris maladroits, et elles seront en honneur comme le sont aujourd'hui
les pratiques malthusiennes. Ne dit-on pas
déjà qu'il est permis de tuer l'enfant pour
sauver la mère? Et l'on dira bientôt qu'il est
permis de faire avorter pour sauvegarder le
rang, la fortune, la position de la famille.
On considérera comme un acte de charité
pour l'enfant déjà né la mort de l'enfant à
naître. Sans cela, les pièces de cinq francs
ne vaudraient plus que cinquante sous. C'est
déjà fait en grande partie, bientôt ce sera
tout à fait universel.

Voici ce que j'ai lu dans l'*Univers* du 14
août 1890. journal qui n'est cependant pas
prodigue en faits divers de ce genre.

« La *Gazette des Tribunaux* annonce
qu'une jeune femme ayant succombé, il y a
quelques jours, à la suite de manœuvres
abortives pratiquées sur elle par une nommée T..., sage-femme aux Batignolles; le
parquet avait ordonné une enquête, à la suite
de laquelle cette femme a été arrêtée. Des

perquisitions faites à son domicile ont amené
la saisie d'une quantité considérable de lettres établissant que plusieurs centaines de
femmes avaient eu recours à ses services.
Cette sage-femme tenait une comptabilité en
règle, grâce à laquelle on a pu trouver une
partie de ses clientes, dont une centaine sont
déjà arrêtées. Interrogée par le juge d'instruction chargé de l'affaire, la femme T... a
répondu que si l'on voulait arrêter *toutes
celles qu'elle avait délivrées des soucis de la
maternité, le nombre dépasserait certainement trois mille.* »

Trois mois après, dans les jours d'octobre
de la même année, M. Fouroux, maire de
Toulon, était arrêté pour avoir conseillé
l'avortement à une dame de Jonquières, née
Chicourt, enceinte de ses œuvres, ainsi que
la sage-femme Laure et une dame Audibert,
qui avait servi d'entremetteuse. Les différents journaux ont pendant plusieurs jours
rempli leurs colonnes de ce qu'ils appelaient:
Le Scandale de Toulon.

Voici le résumé et l'appréciation qu'en
donne le *Journal des Débats :*

« Certains journaux profitent de l'affaire
de Toulon pour réclamer l'abrogation des
lois restrictives de la morale indépendante.
Comme corollaire du principe de l'union libre
dans l'Etat libre, il leur paraît indispensable
de décréter l'avortement facultatif. D'après
eux, la société n'a le droit d'intervenir et de

punir que dans le cas où l'un de ses membres est lésé dans ses intérêts ou menacé dans son existence. Pour que la justice informe, il faut qu'il y ait eu vol, préjudice ou violence. Or, dans l'affaire de Toulon, rien de semblable. De quel droit empêcherait-on deux êtres majeurs de faire disparaître les traces de leur union clandestine et de se soustraire ainsi aux conséquences de leur faute? Pourquoi troubler la paix d'un ménage et jeter le déshonneur sur des familles respectables? En quoi la société est-elle lésée, parce qu'il plaît à l'un de ses membres de soustraire préventivement un petit malheureux aux ennuis et aux misères de ce bas monde? »

« On voit, ajoute le *Journal des Débats*, quelles seraient les conséquences de cette théorie, et ce qui resterait de la patrie et de la civilisation, si elle venait jamais à dominer dans nos mœurs. Nous n'avons pas la prétention de réfuter ces thèses *décadentes*, nous nous contentons de les signaler comme *un des symptômes les plus caractéristiques de cette fin de siècle.* »

Malheureusement, ces thèses *décadentes*, comme les appelle le *Journal des Débats*, tendent de plus en plus à passer dans le domaine de la pratique.

Voici toujours, à propos du scandale de Toulon, la terrible révélation faite au journal *l'Éclair* par le docteur Wattelet, de Paris :

« A propos de l'affaire de Toulon, dit-il, quelques-uns de nos confrères ont plaidé le droit à l'avortement. Ce droit n'est pas inscrit dans la loi, sans doute, mais il existe en fait, et, dans les grandes villes surtout, les matrones qui opèrent ont une boutique ouverte. Il n'y manque que l'autorisation de la préfecture de police.

« Je fus appelé un jour par une sage-femme pour donner mes soins à une de ses clientes, atteinte d'hémorragie grave, après manœuvres abortives. Dans ma simplicité, j'allai immédiatement trouver le commissaire de police de mon quartier. Je lui racontai le cas, sans citer les noms, et, comme je lui demandais si je devais le prévenir officiellement par une plainte écrite : « N'en faites rien, me dit-il; *si les médecins se mettaient sur ce pied-là, il faudrait doubler les commissariats de police.* »

« Il y a cinq ans, lorsque je fus condamné pour violation du secret professionnel, je cherchai à établir, par des exemples parlants, l'absurdité du secret médical dans certains cas, et je publiai dans le *Rappel* le cas suivant :

« Peu de temps après ma condamnation, j'étais mandé auprès d'une femme qui se mourait, à la suite de manœuvres abortives; l'homme et la matrone étaient au chevet de la mourante, qui, sur la recommandation qu'on lui avait faite, me raconta, sous le sceau du secret, la façon dont on s'y était pris. Il y avait crime, sans aucun doute. Que devais-je faire? me taire, d'après l'opinion de M. Brouardel et d'après la législature qui m'avait condamné.

« Aussi, aujourd'hui, grâce au secret professionnel, dans les grands centres comme Paris, l'avortement ne souffre aucune difficulté.

« Vous allez trouver une praticienne des Batignolles; s'il n'y a pas d'accidents, tout va bien; si des accidents se produisent, cela n'a guère de conséquences plus graves. On requiert un médecin, on recommande à la femme de tout lui dire, toujours sous le sceau du secret, et il n'y a plus de crainte à avoir. La femme meurt; le médecin qui l'a soignée se tait, le médecin des morts ne peut y voir goutte; c'est l'impunité absolue érigée en principe.

Les matrones en question ont toutes les audaces. Je voyais dernièrement à ma consultation une jeune fille que j'avais soignée pour des accidents résultant d'un avortement provoqué. Elle venait me demander ce qu'elle devait faire devant une réclamation de l'avorteuse qui lui demandait 30 francs, reliquat de 100 francs, prix de l'opération. Cette honorable dame menaçait la jeune fille d'écrire à son père et de la poursuivre devant M. le juge de paix... C'est un comble, n'est-ce pas?

Si on voulait faire une enquête sérieuse sur ce genre d'industrie, j'estime qu'on trouverait bien trois officines par arrondissement. C'est assez joli, assez fin de siècle !...

Et on s'étonne de la dépopulation de la France !

Nos très illustres de l'Académie de médecine n'ont pas signalé cette cause de dépopulation : l'avortement. Et pourtant elle compte doublement et même au-delà, car les femmes qui se font avorter une première fois ont bien des chances d'attraper quelque maladie qui les rende à jamais stériles.

En fin de compte, on peut conclure que le droit à l'avortement existe, que l'impunité existe dans les neuf dixièmes des cas, grâce au secret professionnel, grâce à l'incurie de la justice. »

Et pour prouver que ce qui se passait en 1890 n'a fait que croître et embellir depuis, voici ce que je lis dans l'*Univers* du 4 octobre 1892 :

« Depuis plusieurs jours, Mme Marie Huot, secrétaire de la Ligue contre la vivisection, annonçait à grand renfort d'affiches qu'elle traiterait hier à la *Société de Géographie* le sujet suivant : « *La suppression de la misère pour l'homme et les animaux par le Malthusianisme.* »

Tout ce qui a quelque rapport avec la pornographie attire toujours du monde, dans une ville comme Paris ; aussi l'amphithéâtre de la Société était littéralement bondé...

Il nous est impossible d'analyser le discours, positivement scandaleux de cette dame ; nous en parlons parce qu'il est bon d'attirer l'attention du public honnête sur des manifestations pareilles, afin que des protestations se fassent entendre et que des mesures soient prises pour empêcher que de telles scènes ne se renouvellent.

Entre autres réformes, la conférencière a réclamé celle-ci : « *Comme on précipite à l'égout très souvent des portées de petits chats et de petits chiens, on devrait, quand on a trop d'enfants, s'en débarrasser en les jetant au fond de la rivière.* »

Il est vrai que Mme Huot a protesté le lendemain contre ce compte rendu des journaux. Il est possible, en effet, qu'elle n'avait pas dit ou qu'au moins elle ne voulait pas dire la chose aussi crûment. Mais qu'importe ; ici la crudité ne fait rien à la chose.

Et puis, après cela, un *naïf*, tombé de la lune ou de je ne sais où, pour prouver que notre siècle, au point de vue moral, vaut bien les autres, viendra nous déclarer *sentencieusement* qu'il y a aujourd'hui *moins de bâtards qu'autrefois !* Mais cela prouve tout simplement que les manœuvres malthusiennes et les avortements, même dans la vie prostitutionnelle, sont plus généralement pratiqués ; cela prouve qu'à la fornication s'ajoute l'infanticide *préventif* et, en cas d'er-

reur, l'infanticide *subséquent*. Cela prouve,
en un mot, que nous en sommes aux abomi-
nations de Sodome et de Gomorrhe et même
au-delà. Cela prouve que nous sommes beaucoup plus coupables que ces villes infortu-
nées, parce que leurs habitants n'avaient pas,
comme nous, pour se purifier, cet immense
fleuve de grâce s'échappant du Cœur de Jésus sur la croix du Golgotha?

Qu'arrivera-t-il donc après tout cela? Hélas! Il arrivera la fin!

CHAPITRE XI

LE MALTHUSIANISME ET LA FIN D'UN MONDE

SOMMAIRE. — Sainte Christine de Suède. Dieu punit par où l'on pèche. Rapport du péché malthusien avec la faute originelle. Châtiments de l'homme : massacre, esclavage, dispersion. — Châtiments de la femme. Esclave femelle. Fécondité prodigieuse, exploits d'un nouveau genre ; mort des femmes en couches ; mélange des races et justice de Dieu.

En plein Moyen Age, alors que l'Onanisme était à peu près inconnu, une sainte veuve, sainte Christine de Suède, dans une vue prophétique, contemplait le monde tout plein et comme enseveli sous les immondices qu'engendre le péché d'Onan, et elle voyait la justice divine préparer des châtiments *épouvantables* à l'univers entier.

Or, d'après ce que nous avons constaté, il est évident que cette sainte, dans sa vue prophétique, contemplait l'époque actuelle. Le XIX⁰ siècle, en effet, est le *plus malthusien des siècles*, car ce crime se pratique même dans les autres nations plus qu'autrefois, et la France est devenue par dessus tous les autres peuples la *nation malthusienne par excellence.*

Qu'arrivera-t-il donc après tout cela?

Hélas! il arrivera la fin. Car, ne l'oublions pas, Dieu punit toujours par où l'on a péché. Tous les jours, en France, on supprime l'être à des milliers de créatures humaines pour ne pas se gêner, pour ne pas diminuer le bien-être des autres.

Eh bien! pour un grand nombre, Dieu a déjà supprimé le bien-être. La gêne et la misère deviennent tous les jours plus générales; sous des apparences luxueuses, il n'est pas mal d'hommes et surtout de femmes qui meurent de faim. En outre, pour un grand nombre, surtout de repus, Dieu a supprimé le bien-être pendant les hivers 89-90 et 91-92, par cette maladie aux apparences bénignes dont on riait tant au commencement et qu'on a nommée *influenza,* maladie qui, pour un certain nombre, a été même la suppression de l'être.

Mais ce n'est là qu'un coup d'essai, un petit avertissement. Encore quelques années, peut-être seulement quelques mois ou quelques jours, et la guerre, la peste et la famine s'uniront simultanément pour supprimer l'être et le bien-être.

La France s'effondrera sous les coups répétés de l'invasion étrangère et de la guerre civile. Les scènes épouvantables qui signalèrent la fin de l'Empire romain, se renouvelleront en s'aggravant. Le châtiment grandira pour se tenir à la hauteur du crime.

Mais, malgré cela, au sein de cet immense chaos de sang et de boue, Dieu s'arrangera pour punir chacun par où il aura péché.

L'homme et la femme jouent dans la prudence malthusienne un rôle semblable à celui qu'ils ont rempli dans le péché originel.

L'homme est, dans un sens, plus coupable que la femme, parce que, comme autrefois Adam, il sent mieux la malice de sa faute ; parce qu'il a obligation de l'empêcher dans son épouse et qu'il a mission de la maintenir dans le devoir, même par la force, au besoin ; — parce qu'il agit en lâche pour plaire à son épouse ou pour se dispenser de travailler pour ses enfants.

Eh bien ! ceux que la mort n'aura pas fauchés dans les combats ou les épidémies, seront envoyés, dispersés dans des régions lointaines, d'où ils ne reviendront plus. Ils se servaient mal de leur femme, ils en seront complètement privés, plusieurs même mis dans l'impossibilité de s'en servir. Ils ne savaient pas commander ; ils n'auront plus qu'à obéir. Ils ne savaient pas employer la force ; ils seront constamment brutalisés. Ils ne voulaient pas travailler ; ils obtiendront tout juste assez de pain pour ne mourir de faim qu'après les plus rudes travaux. Ils voulaient s'épargner pour vivre longtemps ; ils mourront moissonnés avant l'âge par les fatigues, la misère et les violences de leurs vainqueurs. Et ainsi se vérifiera pour l'homme l'aggravation de la peine originelle : « Parce que tu as écouté la voix de ton épouse, tu ne mangeras ton pain qu'à la sueur de ton front, jusqu'à ce que tu retournes à la terre d'où tu as été pris. » *Quia audisti vocem uxoris tuæ, in sudore vultus tui vesceris pane, donec revertaris in terram de qua sumptus es.* (GEN.)

Quant à la femme, elle est, elle aussi, dans un sens, plus coupable que l'homme dans les pratiques malthusiennes ; parce que, souvent, c'est elle qui les désire, les conseille, les demande, les exige ; elle veut conserver ses aises, sa fraîcheur, sa beauté, etc.

Eh bien ! celles qui auront survécu aux fantaisies lubriques et sanguinaires de leurs vainqueurs, ne seront plus que des *esclaves femelles servant à la reproduction et changeant de maîtres selon qu'elles enfantent ou n'enfantent pas.* Livrées aux Slaves et aux Chinois, on verra les filles de ces femmes françaises, à qui leurs époux parvenaient difficilement à faire accepter sur le tard une maternité ; par une conséquence naturelle du mélange des races, comme aussi par une disposition particulière de la Providence qui voudra faire expier aux enfants les crimes des parents ; on verra, dis-je, ces filles de France, *enceintes aussitôt que nubiles, douées*

d'une fécondité prodigieuse, phénoménale.
Les barbares du Don et de la Tartarie, se
précipitant sur elles avec toute la verdeur et
la vigueur de leur nature sauvage, les ren-
dront mères tous les *dix mois*, leur octroyant
presque toujours des grossesses *doubles, triples*. Ils se provoqueront entre eux à des
duels d'un nouveau genre et *ils feront à qui
fécondera le plus*. Les exploits de ce paysan
russe qui tua successivement quatre femmes
en leur faisant produire quatre-vingt-dix enfants, ne seront plus des exceptions. Les
femmes, n'ayant pas assez de vigueur pour
alimenter tous ces robustes rejetons que ces
barbares auront mis dans leurs flancs, tomberont épuisées ; et, *tous les jours, il en
mourra par centaine, en mettant au monde
leur vingtième, trentième enfant, peut-être
même au-delà !* Toutes ou presque toutes
mourront de la sorte. Ce sera la conséquence
du mélange des races et aussi... de *la justice
de Dieu !*

Dieu avait dit à la femme : « Je multiplierai tes douleurs et tes conceptions. » *Multiplicabo ærumnas et conceptus tuos.* (GEN.)
La femme a voulu supprimer ce châtiment,
spécial pour elle, de la faute originelle. Il
faut bien que l'ordre soit rétabli et que les
filles mettent au monde les enfants que les
mères n'ont pas voulu. Il faut bien que les
filles commencent à enfanter le plus tôt possible, puisque les mères ne voulaient que le

plus tard possible. Il faut bien que les filles soient enceintes aussitôt qu'accouchées, puisque les mères craignaient tant de le redevenir. Il faut bien que les filles épuisent leur sang, leur santé, leur vie, puisque leurs mères craignaient tant de les compromettre. Il faut bien que les filles meurent en couches, puisque les mères craignaient tant d'y mourir. Il faut bien que Dieu prenne sa revanche pour montrer qu'il est le maître et que sa parole ne meurt pas : « Je multiplierai tes douleurs et tes conceptions, tu seras sous la puissance de l'homme et il te dominera. *Multiplicabo ærumnas et conceptus tuos; sub viri potestate eris, et ipse dominabitur tui.* (GEN.)

Esclaves de l'homme, elles seront complètement à sa merci, et ne réussiront à éviter un surcroît de mauvais traitements que dans la fécondité. Bien plus, la plupart de celles qui n'enfanteront pas seront *supprimées* comme inutiles. Et l'on verra ces femmes, à qui des Français auraient pu difficilement faire accepter deux ou trois maternités, s'estimer heureuses d'être rendues mères *plus que tous les ans* par des Russes ou des Chinois.

Au reste, ceux-ci pratiqueront largement la *culture intensive*. Les officines de stérilité et d'avortement que nous avons aujourd'hui, seront remplacées par des écoles de fécondation, où les hommes apprendront l'art de faire enfanter les femmes stériles, de féconder aussitôt après les couches et d'octroyer des grossesses multiples; et où les femmes peu ou point fécondes seront traitées ou plutôt tripotées jusqu'à ce qu'elles enfantent ou qu'elles meurent. — C'est ainsi que sera créé un peuple nouveau qui ne ressemblera à aucun des peuples anciens, peuple jeune et vigoureux; car tous les enfants faibles de constitution mourront fatalement peu de temps après leur naissance. Ce peuple sera ce que les mères l'auront fait.

CHAPITRE XII

LE MONDE NOUVEAU

Sommaire. — Les origines de la nation française. Les origines du peuple futur. Pour cela, il faut des Apôtres : paroles prophétiques du B. Grignon de Montfort. Il faut aussi des femmes. But de ce travail, préparer des apôtres et des vierges. La fin vient. Avis aux familles chrétiennes, aux épouses, aux époux, aux jeunes gens et jeunes filles.

Quand la vieille Gaule romaine croula sous les coups des barbares, ce furent les filles des vaincus qui fondèrent de leur sang cette nation très chrétienne, fille aînée de l'Eglise, par laquelle Dieu opérait ses exploits dans le monde, *Gesta Dei per Francos.* Qu'il me suffise de citer parmi les saintes couronnées, sainte Clotilde, sainte Radegonde, sainte Bathilde, etc. Epouses soumises, elles subissaient sans se plaindre toutes les exigences de leurs tyranniques époux. Mères dévouées, loin de s'en plaindre, elles remerciaient le Seigneur de leur fécondité et s'appliquaient à former des saints. Elles nous ont donné ces grands évêques qui ont fait la France, et ces vaillants moines, pionniers tout à la fois de la sainteté et de la civilisation. Et, s'il nous est permis d'appliquer le principe : « La cause de la cause est aussi cause de l'effet », *Qui est causa causæ est causa causati;* nous pouvons dire que ce sont elles qui nous ont donné la France de Charlemagne et de saint Louis.

Eh bien! du vieux sang français rajeuni par de nouveaux barbares, comme autrefois du vieux sang gallo-romain rajeuni par les Francs, sortira, je l'espère, un peuple nouveau, plus grand et meilleur que l'ancien, ramenant le monde entier sous la houlette du successeur de Pierre et vérifiant au pied de la lettre la prophétie du Sauveur : « Et il n'y aura plus qu'un troupeau et qu'un pasteur. » *Et fiet unum ovile et unus Pastor.* (JOAN., X, 16.)

Mais, pour cela, il faut deux choses : il faut des *apôtres* et il faut des *femmes.*

Il faut des apôtres, non plus comme plusieurs des prêtres que nous avons, soupirant après le repos et le bien-être, évitant tout ce qui peut troubler leur douce quiétude, tenant la vérité captive dans leur cœur et ne disant que ce qui peut plaire; mais de vrais apôtres, serviteurs, esclaves et enfants de Marie, tels que les annonce le B. Grignon de Montfort pour convertir le monde avant la fin des temps.

« Ce seront, dit-il, des enfants de Lévi, *bien purifiés par le feu des grandes tribulations* et bien collés à Dieu, qui porteront l'or de l'amour divin dans leur cœur, l'encens de l'oraison dans l'esprit et la myrrhe de la mortification dans le corps; et qui seront partout la bonne odeur de Jésus-Christ aux pauvres et aux petits, tandis qu'ils seront une odeur de mort aux grands, aux riches et aux orgueilleux mondains.

« Ce seront des nuées tonnantes et volantes par les airs au moindre souffle du Saint-Esprit qui, sans s'attacher à rien, ni s'étonner de rien, ni se mettre en peine de rien, répandront la pluie de la parole de Dieu et de la vie éternelle; ils tonneront contre le péché, ils gronderont contre le monde, ils frapperont le diable et ses suppôts; et ils perceront d'outre en outre pour la vie ou pour la mort avec le glaive à deux tranchants de la parole de Dieu, tous ceux auxquels ils seront envoyés de la part du Très-Haut.

« Ce seront des apôtres véritables des derniers temps à qui le Seigneur des vertus donnera la parole et la force pour opérer des merveilles et remporter des dépouilles glorieuses sur ses ennemis... Enfin, nous savons que ce seront de vrais disciples de Jésus-Christ, qui, marchant sur les traces de sa pauvreté, humilité, mépris du monde et charité, *enseigneront la voie étroite de Dieu dans la pure vérité, selon le saint Evangile et non selon les maximes du monde,* sans se mettre en peine ni faire acception de personne, sans épargner, écouter, ni craindre aucun mortel quelque puissant qu'il soit.

« Ils auront dans leur bouche le glaive à deux tranchants de la parole de Dieu ; ils porteront sur leurs épaules l'étendard ensanglanté de la Croix, le Crucifix dans la main droite, le chapelet dans la main gauche, les noms sacrés de Jésus et de Marie sur leur cœur, la modestie et la mortification de Jésus-Christ dans toute leur conduite. Voilà les grands hommes qui viendront ; mais Marie sera là par ordre du Très-Haut, pour étendre son empire sur celui des impies, idolâtres et mahométans.

« Quand et comment cela sera-t-il ?

« Dieu seul le sait ; c'est à nous de nous taire, de prier, de soupirer et d'attendre. *Exspectans exspectavi.* »

Voilà les apôtres prédits par le B. Grignon de Montfort, et voilà ceux qu'il nous faut.

Mais, pour avoir ces apôtres, et avec eux, il faut des femmes ; des femmes vraiment chrétiennes qui se souviennent de la parole de saint Paul : *Mulier salvabitur per filiorum generationem.* « La femme sera sauvée par la génération des enfants » ; des femmes qui cherchent dans la fécondité le moyen de rendre au ciel les élus que les fautes passées lui ont fait perdre ; des femmes qui,

soumises à leurs maris en toutes choses li-
cites, fassent volontiers le sacrifice de leur
repos, de leur santé et de leur vie pour donner des apôtres à la terre et des élus au ciel ;
des femmes qui s'offrent comme victimes
volontaires pour expier, réparer le crime
malthusien et qui s'estiment heureuses de se
voir exaucées ; des femmes, en un mot, qui
soupirent après la maternité autant et plus
que d'autres soupirent après la stérilité, et
qui désirent avoir d'autant plus d'enfants
qu'elles en possèdent déjà davantage, répé-
tant à chaque nouvel enfantement les paroles que dit Rachel, l'épouse bien-aimée de
Jacob, quand elle mit au monde son fils pre-
mier-né Joseph : « Que le Seigneur m'en
donne bientôt un autre. » *Dominus addat
alterum.* (Gen.)

C'est pourquoi le but de ce petit travail
n'est pas d'empêcher l'effondrement d'un cadavre qui tombe en ruine. N'y aurait-il en
France, que cette stérilité universelle, que
cela seul suffirait amplement pour prouver
que c'est la fin. Car, abstraction faite de tout
ce que j'ai dit jusqu'ici, ou bien cette stérilité est volontaire, et alors, c'est un crime
qui mérite la mort ; ou bien elle est involontaire, et alors, c'est un châtiment qui annonce
fatalement la fin.

Il ne faut pas non plus espérer que les
masses abandonnent les pratiques malthusiennes. Elles sont trop ancrées dans les

mœurs. Les Français et les Françaises d'aujourd'hui sont trop pétris d'égoïsme pour faire un pareil acte de générosité. Je connais plus d'un homme de la classe dite dirigeante qui, tout en déplorant *publiquement* ces choses, les pratique *en particulier*. Toutes les campagnes qu'on pourrait entreprendre dans ce but n'aboutiront pas, principalement parce que, à la plupart de ceux qui parlent de la sorte, on pourrait faire le reproche du Sauveur aux Pharisiens : *Dicunt et non faciunt.* « Ils disent et ne font pas. »

Ce n'est donc pas la restauration d'une société complètement gangrenée que nous devons poursuivre. Ce serait poursuivre une chimère et nous tomberions tous les jours de déception en déception.

Si la France avait pu être sauvée, ç'aurait été l'œuvre du petit-fils de saint Louis, de ce comte de Chambord dont elle n'a pas voulu, parce qu'il voulait ramener Dieu avec lui, parce qu'il avait dit : « Dans la France, il faut que Dieu rentre en Maître pour que j'y puisse régner en roi. »

Notre but doit être plus modeste, obtenir simplement qu'il y ait quelques hommes courageux qui ne reculent pas devant les devoirs d'époux, et quelques femmes héroïques qui acceptent les charges de la maternité. De ces familles, Dieu fera sortir les apôtres qui convertiront les barbares, et les vierges chrétiennes qui enfanteront un peuple de saints.

La justice de Dieu fera disparaître de la scène du monde tous ces êtres gâtés qui n'ont de femme que le nom : elles expireront ignominieusement au sein de la luxure. Cela se fait déjà, et les journaux boulevardiers nous citent presque tous les jours des mondaines *lubriquement assassinées* par leurs amants. Les barbares, justiciers de la justice divine, feront en grand ce qui se fait déjà en petit. Comme autrefois les Hébreux en envahissant la Terre promise, ils juguleront les femmes qui auront *servi* et se réserveront les fillettes et les vierges. *Mulieres quæ noverunt viros in coïtu jugulate ; puellas autem et omnes feminas virgines reservate vobis.* (Num., xxxi, 18.)

Il faut donc préparer ces vierges au martyre expiatoire que le ciel leur réserve. Ce sera probablement bientôt. Un signe : c'est que dans les campagnes surtout, où les femmes seront généralement plus épargnées, les fillettes sont beaucoup plus nombreuses que les garçons. Dans le pays que j'habite, il y a au moins deux fillettes pour un garçon au-dessous de vingt ans. Il doit en être de même un peu partout, puisqu'un journal disait dernièrement qu'en France les femmes commençaient à être beaucoup plus nombreuses que les hommes. En outre, chez les fillettes la vie déborde, tandis que les garçons sont presque tous des êtres plus ou moins rabougris. La divine Providence a évidemment ses raisons pour agir de la sorte : elle veut diminuer et le nombre et la qualité des soldats qui pourront défendre la patrie, et en même temps fournir aux barbares des femmes en nombre et en qualité pour la fondation d'un peuple nouveau.

Aussi pouvons-nous appliquer à la France les paroles que le prophète Ezéchiel adressait à Jérusalem : *Nunc finis super te... Finis venit, venit finis, evigilavit adversum te, ecce finis.* (EZECH., VI, 6.) Maintenant sur toi la fin, — la fin vient, la fin est là, elle s'avance contre toi, voici la fin.

Que les familles sérieusement chrétiennes se hâtent donc de donner de bons exemples. Qu'elles travaillent sans relâche à multiplier les enfants des saints pour donner des apôtres et des épouses à nos futurs vainqueurs. Il faudra des apôtres qui suivent les captifs sur la terre étrangère pour consoler les victimes et convertir les bourreaux. Il faudra des apôtres qui restent au milieu des ruines pour convertir les vainqueurs et baptiser leurs enfants, pour consoler les épouses, encourager les mères.

O jeunes femmes chrétiennes ! non pas de nom, mais en réalité, soupirez après la maternité, autant, et plus que les mondaines soupirent après la liberté. Loin de jamais vous plaindre d'une trop nombreuse famille, sollicitez toujours à nouveau l'honneur d'être mère. N'épargnez pour cela, ni les supplications, ni les soupirs, ni même les larmes. Surtout, ne vous rebutez jamais, jusqu'à ce que vous soyez sûre qu'un nouveau petit enfant est nouvellement conçu dans votre sein. Faites au divin Cœur de Jésus la consécration suivante :

« O Cœur de mon Jésus ! je vous consacre tout mon sang afin que pas une goutte ne se perde, mais qu'il soit employé tout entier à vous donner des apôtres et des élus, et aussi à expier et réparer ces profanations devenues si communes qu'aujourd'hui la fécondité paraît un déshonneur. Cette honte, Seigneur, je l'accepte et je la désire en union avec les ignominies de votre croix. Quand il s'agira de donner des chrétiens à votre Eglise et des élus à votre ciel, je ne dirai jamais : *C'est assez*; mais toujours : *Seigneur, ajoutez-m'en d'autres* !

« O divin Cœur, je vous consacre mon époux, afin qu'il s'emploie comme moi, avec moi et par moi à vous donner des apôtres et des élus. Seigneur Jésus, qui avez le cœur des hommes dans la main, tournez-le selon votre bon plaisir, faites-lui braver le respect humain ; qu'il ne dise jamais : *C'est assez*; mais toujours : « Seigneur, donnez-nous en d'autres. »

Jeunes femmes chrétiennes, qu'une telle prière parte sincèrement du fond de votre cœur, et à la prière joignez l'action. Dieu vous bénira : Vous mettrez au monde des

apôtres pour convertir les barbares, des vierges pour fonder un peuple nouveau, et aussi,
des anges pour le ciel. Il épargnera à vous
et à vos filles une mort ignominieuse au
sein de la luxure. Vous et vos filles servirez
à la fécondité, tandis que les autres servi-
ront à la volupté. La fécondité vous sauvera,
tandis que la volupté les tuera; la fécondité
vous enverra au ciel, tandis que la volupté
les précipitera en enfer.

Et vous, époux chrétiens, ayez le courage
de votre devoir. Votre épouse a dû se donner
à vous pour avoir des enfants, ne l'en privez
pas. Ne vous laissez pas aller au calcul de
l'égoïsme, ni à une lâche compassion pour
ses douleurs. C'est la conséquence de la faute
originelle et de la part qu'elle y a eue; il
faut qu'elle enfante sur la terre ou qu'elle
brûle dans l'enfer. *Aut pariendum aut ardendum*.

N'écoutez pas même ses supplications et
ses larmes; comme nos preux d'autrefois,
*fécondez-la d'autant plus qu'elle se plaindra
davantage*.

Et ici, je fais un appel spécial aux époux
qui auraient des épouses récalcitrantes. De
grâce, ne les écoutez pas et surtout *ne les
craignez pas;* n'oubliez pas qu'au service de
votre droit, au besoin, vous avez la force.
La femme comprendra bientôt qu'il n'y a qu'à
se résigner, et elle se résignera d'autant

mieux que la maternité lui est plus naturelle.

Voici ce qui m'a été raconté dans le courant de l'année 1889 par une personne tout à fait digne de foi.

« Dans une ville du centre de la France, un homme avait fait, comme bien d'autres, un mariage malthusien et vivait éloigné des pratiques religieuses. Après cinq ans de mariage, il se convertit pour tout de bon et s'engage à ne plus commettre le péché d'Onan. A son retour, il fait part à son épouse de ses promesses et de ses serments. Celle-ci, qui n'était pas encore mère et ne voulait pas l'être, se met à fondre en larmes et le supplie de la traiter comme sa sœur. Son époux, touché de compassion, lui promet d'en référer à son confesseur. Il va, en effet, le trouver le lendemain et lui pose la question de la sorte : « Qu'y a-t-il de mieux : s'abstenir dans le mariage ou y rechercher la fécondité ? » Et, comme le confesseur tardait à répondre : « Eh bien ! mon Père, dit-il, pour éviter le scandale et donner le bon exemple, je choisis la fécondité. » Le confesseur le loue de sa générosité, mais lui demande si son épouse voudra être aussi généreuse que lui. « Quant à ma femme, dit-il, je sais ce qu'elle pense, et je m'en charge. » Et là-dessus le brave homme rentra chez lui.

Je laisse à deviner les larmes et les supplications de cette pauvre dame, quand elle connut l'irrévocable décision de son époux. Mais ses larmes et ses lamentations ne l'empêchèrent pas de mettre au monde, neuf mois après, deux magnifiques enfants. Dix mois après, deux nouveaux jumeaux venaient augmenter le cercle de la famille. Bref, le mari s'est converti à Pâques 1880, et en ce moment, me disait mon interlocuteur, c'est-à-dire en novembre 1889, cette jeune femme, qui s'était mariée à la condition de n'être jamais mère, en est aujourd'hui à sa *huitième couche* et à son *douzième enfant*. Six sont vivants et les six autres, après avoir reçu la grâce du baptême sont allés grossir le nombre des anges dans le ciel. Depuis longtemps elle fait de nécessité vertu et accepte la maternité avec résignation sinon avec joie. Et elle fait bien, car elle n'a encore que trente-deux ans, se porte à merveille, et son époux est moins que jamais disposé à l'épargner. »

Eh bien ! époux chrétiens, marchez sur les traces de ce vaillant. Vous donnerez ainsi des anges au ciel, des apôtres et des vierges à la terre. Vous serez plus ou moins épargnés au sein des grandes catastrophes ; vous sauverez votre liberté, l'honneur de vos femmes et de vos filles, sans compter le royaume des cieux qui vous sera donné par surcroît.

Jeunes gens et jeunes filles, au lieu de ces accouplements malthusiens qui ne cherchent que le plaisir, faites de *vrais mariages* qui ne demandent que la fécondité. A l'exemple du jeune Tobie, prenez une femme, poussé plutôt par l'amour des enfants que par la volupté, *amore filiorum magis quam voluptate ductus.* Loin de vous promettre réciproquement une honteuse stérilité, jurez-vous l'un l'autre de ne vous imposer d'autre limite que celle qu'il plaira à Dieu de vous donner, et de considérer toujours l'arrivée d'un nouvel enfant comme une faveur nouvelle de la Providence. Car, si les barbares ne trouvaient pas des apôtres pour les convertir, des vierges pour fonder un peuple nouveau, c'en serait fait de l'Eglise, le monde ne serait plus que le *pandemonium* de tous les vices, et ce serait l'heure des catastrophes finales.

Mais il n'en sera pas ainsi ; car il se lève et il s'est déjà levé un certain nombre de familles qui ont le Malthusianisme en horreur. N'y en aurait-il que cent mille en France, et, si elles n'y sont pas, elles y seront bientôt, qu'il y en aurait assez pour commencer à fournir des apôtres à l'Eglise et des vierges aux barbares. Puisse cet humble travail contribuer quelque peu à en augmenter le nombre. C'est pour cela que je voudrais le voir aux mains de tous les jeunes époux et jeunes épouses, de tous les jeunes gens et jeunes filles qui se destinent au mariage, au risque de scandaliser tous les faux dévots et fausses dévotes.

N. B. — Les deux chapitres précédents ont suggéré à plus d'un les réflexions et exclamations suivantes : « — Quand les barbares auront envahi, que d'accouplements!!! — Et il faut préparer des vierges pour ces accouplements!!! — Car, de mariages, il n'en sera certainement pas question! »

Croirait-on, par hasard, que les nouveaux barbares seront plus chastes que les Vandales de Genséric ou les Huns d'Attila? et que les veuves ou les orphelines pourront, après leur passage, répéter la parole de François Ier, après le désastre de Pavie : « Tout est perdu, *fors l'honneur!* »

Et puis, ces points d'exclamations prouvent que mes contradicteurs n'ont pas encore compris la différence entre les accouplements *fécondants* des barbares et les accouplements *malthusiens* d'aujourd'hui. Le viol est un péché bien moins grave que le crime d'Onan, et il vaut cent fois mieux préparer des vierges pour ces barbares *prolifiques* que pour de prétendus époux malthusiens.

« De mariages, poursuit-on, il n'en sera certainement pas question! »

En est-il plus question de nos jours? Sans doute, on conserve le nom, mais depuis longtemps on a supprimé la chose. Les mariages malthusiens sont, je l'ai démontré dans un chapitre spécial, frappés de nullité.

Evidemment, les barbares du xxᵉ siècle, pas plus qu'autrefois ceux du vᵉ, ne commenceront pas par le mariage, au moins dans les débuts. Les femmes, les vierges seront d'abord *fécondées ;* puis, quelques-unes des plus fécondes seront élevées à la dignité d'*épouses*. Les autres resteront de simples instruments de reproduction que des maîtres brutaux garderont, prêteront, loueront ou vendront à leur guise. Quant aux femmes stériles ou peu fécondes, elles seront *publiques*, c'est-à-dire, livrées à toutes les fantaisies lubriques du premier venu et à toutes les expériences de fécondation.

Mais, en somme, malgré toutes ces monstruosités et toutes ces horreurs, les fautes seront, *en réalité*, bien moins graves qu'aujourd'hui, car il n'y aura plus ou presque plus de crime *contre nature*. Et les femmes, passées de l'un à l'autre comme simples instruments de reproduction qu'on fera produire beaucoup, seront *effectivement moins déshonorées* que ne le sont aujourd'hui *nos chastes épouses malthusiennes*. Les barbares, après tout, leur laisseront leur *dignité de femme*, c'est-à-dire, d'aide servant à la multiplication de l'espèce humaine, tandis que les prétendus maris du jour les ravalent au rang de sales instruments d'un sale plaisir. Le déshonneur du viol recevra comme une espèce de compensation dans l'honneur de la maternité. L'immoralité des barbares fera pousser en abondance des fleurs et des fruits, des anges et des saints ; tandis que l'immoralité malthusienne n'engendre après elle que la pourriture et le néant.

ÉPILOGUE

C'en est donc fait. La France n'est plus
qu'un cadavre, parce qu'elle n'a plus de Religion qui lui donne la vie morale, d'Autorité qui lui procure la vie sociale, de Familles
qui lui maintiennent la vie physique. La
décomposition du cadavre fait tous les jours
des progrès effrayants, et, grâce à la suppression systématique et progressive de la
fécondité, on pourrait, faisant abstraction
des catastrophes qui se préparent, calculer
mathématiquement le jour où il n'y aura plus
un seul Français en France.

Je sais bien que d'autres attribuent à d'autres causes les raisons de cette décadence
effrayante que tout le monde voit, que per-

sonne ne conteste et qui faisait dire dernièrement au vulgarisateur astronome et libre-
penseur Camille Flammarion qu'avant cent
ans l'Europe serait un pays sauvage, semblable à ces steppes qu'occupèrent autrefois
les brillants empires de Ninive et de Baby-
lone, et que le centre de la civilisation serait
au Nouveau Monde.

Pour les uns, les causes de décadence, ce
sont nos divisions politiques; — pour les
autres les traités de commerce avec leur
libre-échange; — pour d'autres, les rapports
mal équilibrés entre le capital et le travail;
— pour d'autres, ces armements ruineux qui
constituent la paix armée; — enfin, pour
M. Léo Taxil, ce sont les Francs-Maçons; —
pour M. Drumont, ce sont les Juifs.

Il y a du vrai dans tout cela. Incontestablement, les divisions politiques sont une
cause de faiblesse; — le libre-échange est
une cause de ruine pour l'agriculture et plusieurs autres industries; — l'exploitation à
outrance du travail par le capital a produit
une pléthore plus dangereuse qu'une disette,
et prépare une lutte sans merci entre le pa-
tron qui jouit et l'ouvrier qui travaille; — la
nation sur le pied armé consomme chaque
année les forces vives et les économies de
l'épargne française; — les Francs-Maçons
nous donnent un gouvernement de sectaires;
— les Juifs, par des coups de Bourse habile-

ment ménagés, soutirent et accaparent toute la fortune de la France.

Quand un corps humain est réduit à l'état de cadavre, si on ne le met vite en terre, on y voit bien vite apparaître des parasites qui le rongent; mais ce ne sont pas ces parasites qui l'ont tué.

Si nous avons ces divisions politiques, c'est parce qu'il n'y a plus le principe d'autorité. Le libre-échange est une chose accidentelle qui ne peut pas ruiner un pays jusqu'à le détruire, et s'il n'y avait que cela, le doux Méline, avec sa commission des douanes, en serait le sauveur. Si la France se meurt de pléthore par la surproduction, c'est surtout parce qu'on a supprimé le consommateur. Si nous sommes obligés d'entretenir ces armements ruineux, c'est parce que la force remplace le droit. Si les Francs-Maçons nous gouvernent, c'est parce que la masse des électeurs français n'a plus la Foi. Enfin, si les Juifs nous sucent comme des vampires, c'est parce qu'ils ont été attirés par l'odeur du cadavre : depuis le déicide du Golgotha, c'est leur spécialité.

Mais tous ces rongeurs n'arrivent que lorsque le cadavre est en décomposition : ce n'est pas eux qui l'ont tué.

Qu'il y ait le principe d'autorité bien établi et bien reconnu, et les divisions politiques auront bientôt fait leur temps. Que les femmes soient de nouveau fécondées, et il

n'y aura plus de pléthore. Que la vraie fraternité remplace l'égoïsme, et la paix se fera
entre le capital et le travail. Que la France
redevienne vraiment chrétienne, et les Juifs
comme les Francs-Maçons, remis à leur place,
n'auront plus la possibilité de nous nuire.
Pour tout dire, en un mot, que les masses
redeviennent catholiques, que la vieille Foi
de nos pères y reprenne son empire, et le
principe d'autorité sera rétabli, et le mariage
véritable avec ses trois biens inséparables,
l'unité, la perpétuité et la fécondité, remplacera toutes ces associations de plaisirs, toutes
ces unions malthusiennes faussement déco-
rées du nom de mariage.

La France est morte comme nation le jour
où elle a *officiellement* renié sa Foi en 89 ;
et depuis, le cadavre a plus ou moins pro-
gressé dans la décomposition à mesure qu'elle
apostasiait davantage.

En 93, par la condamnation de Louis XVI,
elle a supprimé l'autorité principe d'unité,
et, par suite, le corps social n'a plus été qu'un
immense amas de molécules humaines juxta-
posées.

Et maintenant, la suppression progressive
de la fécondité entraîne fatalement la suppression des molécules elles-mêmes jusqu'à
ce qu'enfin il n'en reste plus.

Je ne crois pas qu'il soit possible que la
France redevienne chrétienne. La fille aînée
de l'Eglise est plus coupable que la déicide

Jérusalem, parce que son apostasie est plus complète et la religion de Jésus-Christ plus parfaite que celle de Moïse : comme Jérusalem, elle doit périr.

Je sais bien que les autres peuples de l'Europe ne valent guère plus, qu'eux aussi ont apostasié. Cependant, je l'ai démontré, leur apostasie n'est pas aussi complète et radicale que la nôtre. Comme nous, ils sont à l'état de cadavre ; mais la décomposition en est moins avancée. Ils n'ont pas encore officiellement rejeté toute religion ; le principe d'autorité y obtient encore un certain respect ; les trois biens essentiels du mariage, l'unité, la perpétuité et surtout la fécondité n'y sont pas aussi universellement foulés aux pieds. A ce point de vue, la France est plus avancée que l'Allemagne, l'Allemagne plus avancée que la Russie. Il est donc tout naturel que la France soit broyée par l'Allemagne, que la France et l'Allemagne soient broyées par la Russie.

Mais, malgré le testament du tzar Pierre Ier, dit le Grand, je ne crois pas à l'avenir du peuple Slave. Cette race fait subir le martyre depuis un siècle à la catholique Pologne ; il est juste qu'à son tour elle agonise dans le sang.

Et puis, les Russes, tout barbares qu'ils sont, ne le sont pas assez pour être les *Fléaux de Dieu* dans les châtiments et les expiations que Dieu prépare à l'Europe apostate. Il lui faut les descendants de Gengis-Kan et les fils de Timour. Ils ont failli deux fois devenir les maîtres du monde; il faut qu'enfin ils le deviennent.

Quand l'Europe aura perdu le plus pur de son sang dans des guerres interminables et des hécatombes sans fin, le tzar jaune lancera contre elle ses millions de soldats. L'Europe, dévastée, saccagée, ne sera plus qu'une immense ruine habitée par des garnisons chinoises. Les hommes qui n'auront pas été massacrés, seront dispersés aux quatre coins de l'Empire du Milieu. Les femmes qui n'auront pas expiré dans les ignominies de la luxure, seront ce qu'elles sont en Chine, des instruments de reproduction qui produiront beaucoup. Il n'y en aura pas de stériles ni d'infécondes. Les enfants pousseront nombreux comme les jeunes pousses d'arbres au printemps. L'Europe et l'Asie seront repeuplées avec une rapidité vertigineuse. Bientôt les hommes se trouveront à l'étroit entre l'Océan Atlantique et la mer du Japon. Ils envahiront successivement le Continent noir, le Nouveau Monde et jusqu'aux îles les plus lointaines, semant partout la vie à profusion. Pour la première fois, la terre se trouvera complètement pleine d'hommes, et se réalisera la parole que Dieu prononça sur le premier couple humain : « Remplissez la terre », *Replete terram.*

C'est ainsi que sera fondé un peuple nou-

veau qui embrassera le monde, et que sera
rétablie l'unité de race au plus grand profit
de la race jaune qui serait, dit-on, la race
souche, la race primitive, puisque le mot
Adam signifie *terre jaune*.

Saint Malachie, évêque d'Armagh, en Irlande, vers la fin du XII⁰ siècle, a fait, dit-on,
une prophétie par laquelle il désigne la série
des papes sous un nom symbolique.

Celui que nous avons est appelé Lumen in
cœlo, *Lumière dans le ciel*. Il réalise parfaitement ce symbole, d'abord par ses armes
(une étoile dans le firmament), et ensuite
par ses *lumineuses* Encycliques qui constituent le code le plus parfait des devoirs sociaux et privés. Malheureusement ces Encycliques sont pour les masses comme une
étoile cachée dans les profondeurs du *firmament;* elles passent à peu près inaperçues,
quoi qu'on en dise ; la plupart des journaux
à part *le Monde, l'Univers, la Croix* et deux
ou trois autres, en parlent comme d'un *fait
divers.*

Il faut bien cependant que Dieu se venge,
et, à une lumière douce qui ne demande qu'à
éclairer les esprits et réchauffer les cœurs,
succédera un *Feu ardent* qui dévorera tout.
Ignis ardens est, en effet, le symbole sous
lequel est désigné le successeur de Léon XIII.
Cela signifie, si je ne me trompe, que la mort
du pape actuel sera le signal d'une conflagration générale qui, semblable à un *Feu*

20

ardent, dévorera tout. Cette conflagration universelle sera la caractéristique du pape qui succédera à Léon XIII, comme l'*Aigle rapace* de Napoléon Ier fut la caractéristique de Pie VII, qui est, en effet, désigné sous le nom d'*Aquila rapax.*

Ce *Feu ardent* détruira tout, même la religion qui sera affreusement persécutée et comme anéantie par le barbare vainqueur. *Religio depopulata : La religion dévastée* est le nom sous lequel saint Malachie désigne le Pontife qui succédera au *Feu ardent, Ignis ardens.* Ce sera l'époque des grandes expiations, des châtiments exemplaires punissant tous et chacun par où ils ont péché.

Cependant, il restera toujours des apôtres pour convertir et pour mourir, des femmes chrétiennes pour enfanter des saints. Les schismatiques et les hérétiques, dans la communauté du malheur, adhèreront à l'Eglise romaine; et la Foi sera prêchée avec intrépidité dans la cabane du pauvre comme dans le palais des rois. *La Foi intrépide, Fides intrepida,* est le nom symbolique du successeur de la *Religion dévastée, Religio depopulata.*

La race jaune, adoucie, touchée, vivifiée, transformée par la douce influence de la femme chrétienne, ouvrira enfin ses yeux à la lumière. L'Empereur lui-même, comme autrefois *Constantin* converti par une nouvelle Hélène, petite-fille de saint Louis, re-

cevra le Baptême, et ce sera le signal de conversions innombrables. Ce sera le règne simultané de ce *Grand Pape*, qu'on voulait
être Pie IX, et de ce *Grand Roi*, que le chauvinisme français voulait être Henri V. D'innombrables prophéties de saints parlent de
ce Grand Pape et de ce Grand Roi descendant du vieux sang de Capet (mais par sa
mère, ce que les prophéties n'expliquent pas)
devant faire entrer dans la bergerie toutes
les brebis qui n'y sont pas encore, et ramenant toutes les nations à n'être qu'un *seul
Troupeau* sous la houlette d'un *seul Pasteur*. Ce sera l'ère du grand triomphe de
l'Eglise établissant cette Constitution chrétienne des Etats dont le Moyen Age n'a été
qu'une ébauche : ce sera le règne du *Pasteur
angélique*, *Pastor angelicus*, nom symbolique
par lequel saint Malachie désigne le successeur de la *Foi intrépide*, *Fides intrepida*.

La conversion de Constantin marque une
première efflorescence du Christianisme ; il
y en eut une seconde au Moyen Age ; nous
aurons la troisième du *Sacré-Cœur*, car il
faut qu'il règne, *Oportet illum regnare*. Ce
sera le règne des saints sur la terre envoyant
tous les jours au ciel des millions d'anges et
d'élus.

La Royauté *sociale* de Jésus-Christ, après
s'être établie dans l'immense empire composé de l'Europe et de l'Asie, s'étendra dans
le Continent Noir, le Nouveau Monde et

jusqu'aux îles les plus lointaines ; et nous aurons un Pape qui dominera sur terre et sur mer, qui sera *Pasteur et Pilote, Pastor et Nauta*, comme l'appelle toujours symboliquement saint Malachie.

Alors la Religion de Jésus-Christ sera *de fait véritablement catholique*, c'est-à-dire embrassée par la terre entière. Il lui aura fallu deux mille ans de luttes pour établir son empire universel. Alors il n'y aura plus véritablement qu'un Troupeau et qu'un Pasteur ! Alors se vérifiera pleinement la prophétie du prophète. *Dominabitur a mari uque ad mare et a flumine usque ad terminos orbis terrarum. Le Christ dominera d'une mer à l'autre et du Fleuve jusqu'aux extrémités de la terre.*

Alors aussi sera vérifiée pour la première fois, la bénédiction faite à nos premiers parents : *Replete terram*, « *Remplissez la terre* » ; et la terre sera comme une ruche pleine *d'où partiront tous les jours d'immenses essaims vers les cieux*.

Et ce temps durera jusqu'à ce que le nombre soit complet ! Quand ce nombre sera-t-il complet ? Dieu le sait ! Pourvu que nous servions à le compléter, peu nous importe le reste !

DIEU SEUL !!!

TABLE DES MATIÈRES

LIVRE II

FIN DE LA MORALE

LIVRE III

FIN D'UN MONDE

DEUXIÈME PARTIE

Fin de l'Autorité, Fin de l'Ordre
Fin dun Monde

LIVRE I

FIN DE L'AUTORITÉ

LIVRE II

FIN DE L'ORDRE

LIVRE III

FIN D'UN MONDE

TROISIÈME PARTIE

Fin de la Famille, Fin de l'Être

Fin d'un Monde

AVANT-PROPOS

CHAPITRE VII

LE MALTHUSIANISME ET LES EXCUSES MASCULINES

CHAPITRE VIII

LE MALTHUSIANISME ET LES EXCUSES CLÉRICALES

CHAPITRE IX

LE MALTHUSIANISME ET LE MARIAGE

CHAPITRE X

LE MALTHUSIANISME ET SES IMMONDICES

CHAPITRE XI

LE MALTHUSIANISME ET LA FIN D'UN MONDE

CHAPITRE XII

LE MONDE NOUVEAU

ÉPILOGUE

FIN DE LA TABLE

Saint-Amand (Cher). — Imp. Saint-Joseph.